一條線搞定

當沖 波段 存股

飆股達人陳弘月賺50%，勝率8成的投資心法

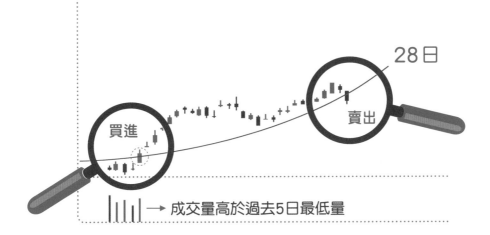

買進

賣出

28日

成交量高於過去5日最低量

㉘操作系統說明：
讓年輕人快速財富自由

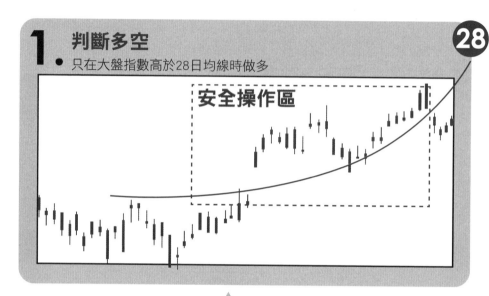

1. 判斷多空
  只在大盤指數高於28日均線時做多

安全操作區

㉘日

3. 把賺取的資金轉入存股
  存股標的週K線上漲突跛28週均線，單筆買進；
  跌破28週均線單筆賣出。
  （中途有發股利就領，沒發就算了。
  因為這樣的價差通常超過10%，優於股利。）

2. 用當沖和波段快速累積資金

當沖： 選擇5分K突破28MA的個股
成交量高於過去5根5分K最低量
跌破28MA賣出
停損：跌破進場K線　※28MA意指28個5分K形成的均線

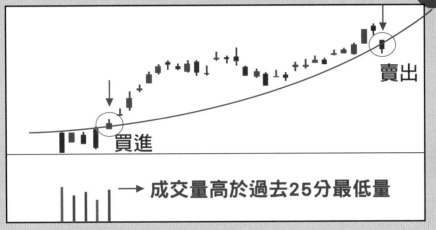

賣出

買進

→ 成交量高於過去25分最低量

波段： 選擇日K突破28日線的個股
成交量高於過去5根日K最低量
跌破28日線賣出
停損：跌破進場K線

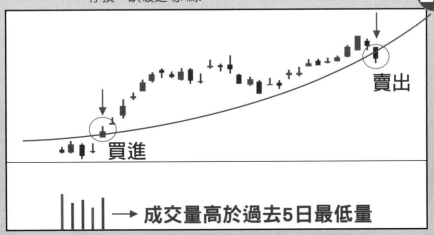

賣出

買進

→ 成交量高於過去5日最低量

因應人工智慧時代，打造個人智慧資本，股市是自雇用時代知識經濟的實踐

台灣社會經濟發展至今，歷經從「農耕」→「製造業」→「服務業」，這三個階段主要資源要素分別是：

農業時代：土地＋人力

製造時代：資金＋機器

服務業時代：連鎖＋整合

目前走向人工智慧大量在各行業應用的時期，有先見之明的人莫不及早做準備應變。

在這 5 年中，我們看到許多傳統行業凋零，例如傳統繁華商圈的沒落，黃金店面租出乏人問津，全球化競爭持續激烈，上班族日日要面對物價上漲（物價上漲率平均一年 4%，但是定存利率不到 1%，等於每年資產貶值 3%）、工資不漲的悶經濟等問題。

但另一方面，由於疫情導致宅經濟的大爆發、人口壽命延長導致醫療生技產業走大多頭、網路通訊 5G 建設導致半導體與利基型電子業持續看好。

由此現象，可以得知，時代環境的變化也是各產業結構產生劇烈變化、社會階級流動的重大機會，聰明的人會在這時布局卡

位，取得下一個世代成功的門票。

平均壽命提高＋人工智慧普及，會對我們未來帶來什麼影響？

全球知名諮詢顧問公司麥肯錫在 2019 年的研究調查，未來 10 年會有 40%的工作消失。

這種狀況也就是經濟學上的技術性失業（Technological Unemployment），指因技術進步、勞動力需求減少，所引發的失業現象。

個人評估，沒有消失的工作也會逐漸走向低薪，因為機器人與 AI 不斷進步；另外，收入速度追不上平均一年 4%物價上漲速度，實質購買力就快速貶值，造成生活幸福感降低。

我們該如何因應這個嚴峻的狀況？

我的最佳解答是：學習正確股市投資觀念與技術，透過波段賺取價差（當沖也是一種）與存股打造被動收入，短線收益與被動收入並行。

因為上市公司每天都想方設法提高經營績效，所以只要學會看懂如何投資，透過股票這個工具就可以創造獲利，享受公司經營的果實。

而這個投資作法的關鍵就在於：

1. 如何判斷這檔股票是否值得買進。

2. 現在買進價格是否合理。

3. 買進後如預期獲利以及不如預期走勢的處理。

　　許多投資專家對存股的建議都是定期定額，但若實際執行起來，可能會發現收益與大盤差距不大。雖然價格低檔買得多，價格高檔買得少，但是除非要變現之前有一波大多頭走勢，否則累積財富的速度不快，但是如果搭配一些判斷方法，可以讓你存得更快、更多。

　　撰寫這一本書的初衷，是為了幫助更多投資朋友建立系統化與明確的操作方法 。讓我們一起在股市的道路上並進前行。

目　錄

我的股市之路

　　我在大學時期就開始投資，當時什麼都不懂，剛好共同基金的定期定額投資很熱門，所以就從共同基金的定期定額開始，一邊看報紙新聞學習。但帳面上的損益績效起起伏伏，雖然中途有想要停扣的念頭，但總是安慰自己把它當作儲蓄，因此沒有執行。3、4 年下來發現不行，績效大概只有 5％，但是每天中午吃飯的便當已經從 50 元漲價到 60 元了，漲幅 20％，但是我的投資績效只有 5％，這樣我不是白忙一場了嗎？ 所以就把共同基金定期定額開始停扣贖回，開始學習股市投資。

從基本面到技術面

　　一開始學習投資是從報紙，以及基本面的書籍學起，當時認真剪報蒐集產業資料、財報季報等資料，按照這些資訊進場之後，就開始下跌套牢，只好安慰自己說股票要放長期的，不要常常看。但是過一段時間再看，發現居然跌更多了，再過一段時間最後受不了了，就全部賣掉，結果回頭一段時間再看，居然漲超過我買的價位了。這樣的事情經歷過好幾十次，於是我反問自己，是不是方法有問題？ 所以開始研究技術面來判斷要買什麼

股票，於是翻讀近百本書，從 K 線開始學起，再到成交量與各項指標。

從迷茫到專精

當時的我，學到一個新方法的時候，看著書上的成功範例，總是迫不及待躍躍欲試，實際進場之後，有些案例成功，有些案例失敗，大約是 7：3，而我當時想著，如果能把那 30％的失敗機率，降低到 20％甚至是 10％，那該有多好？ 最好也發展出低

圖 1　三階段投資者技能重點

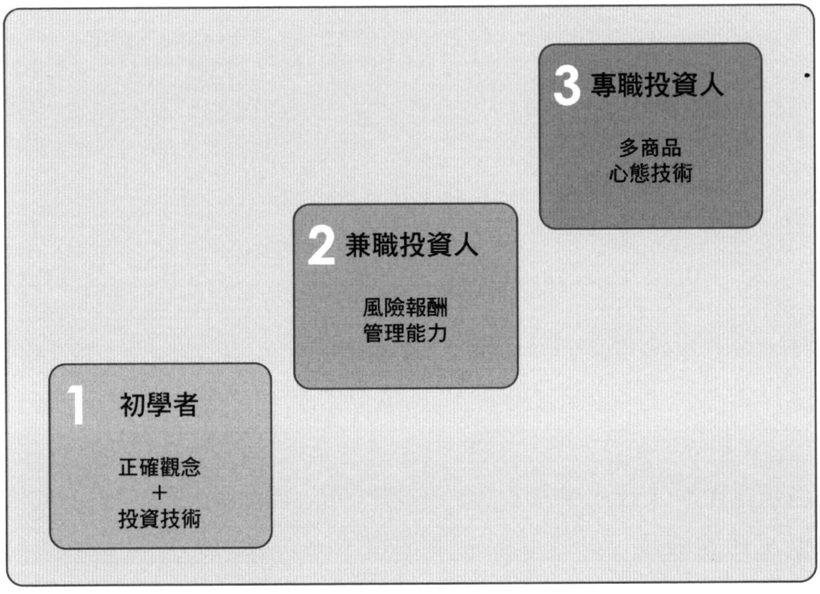

3 專職投資人
多商品
心態技術

2 兼職投資人
風險報酬
管理能力

1 初學者
正確觀念
＋
投資技術

資料來源：作者整理

失敗率的應對方案，這個計畫看起來很理想，但是實際投入去做，卻歷經無數的失敗與挫折。在經歷過數千次的失敗與改良後，我歸納出了一套高勝率的股票投資方法。

經過這 10 多年來的經驗與改良，最後歸納在股市投資中最重要的只有這三點，接下來的章節會詳細介紹可操作性的系統方法。

1. 進場之前，先決定好這筆投資要做短線或長線
2. 選擇商品，規劃好預計的報酬獲利與風險損失
3. 進場之後，不管發生什麼事，都要按照計畫執行

我的操作哲學

1. 基本面篩選
2. 技術面篩選
3. 波段賺價差
4. 做對續抱等出場
5. 做錯出場回步驟 1，每次最大損失控制在 10％內
6. 存股賺被動收入

　→目標：賺錢

圖2　投資操作各階段的重點

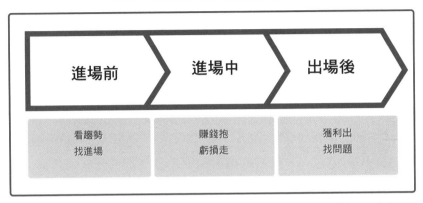

資料來源：作者整理

圖3　股市贏家＝投資知識＋健康心態

三階段不同的重點

❶ 投資標的選擇，進出場點判斷
❷ 挫折心態調適，成功心態管理
❸ 內外部環境改變的處理系統

資料來源：作者整理

第一章
趨勢觀念篇

如果你不學會投資的技能，在這個科技快速進步的時代，你很難快樂而富足的安享晚年。因為在人工智慧飛快發展的情況下，工作日漸減少，通膨持續不斷，錢的購買力會越來越少。

百歲人生時代須盡早做好規劃

隨著醫療科技發展與飲食公衛意識抬頭，平均每 10 年，人類的壽命將會增加 2 年。所以現在的青年人口（40 歲以下）壽命到 100 歲以上將會是常態。

另一方面，現年國民平均退休年齡為 61 歲，意思是從退休到終老，大約有 20 年的時間沒有收入，就以平均一個月花 25,000 元計算，一年下來需要 30 萬元，20 年要 600 萬元，這還沒有算每年物價上漲率 5%，若計算下來最少需要 1,000 萬元，才能提供退休後的生活開銷。所以若沒有健全的理財投資規劃，是相當危險的。

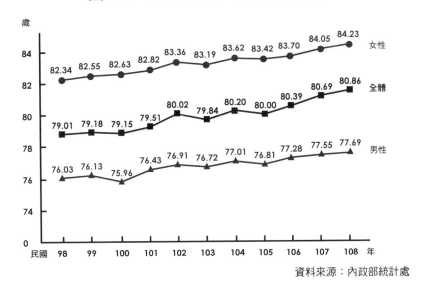

圖 1-1 歷年國人平均壽命趨勢圖

歲

女性：82.34 82.55 82.63 82.82 83.36 83.19 83.62 83.42 83.70 84.05 84.23

全體：79.01 79.18 79.15 79.51 80.02 79.84 80.20 80.00 80.39 80.69 80.86

男性：76.03 76.13 75.96 76.43 76.91 76.72 77.01 76.81 77.28 77.55 77.69

民國 98 99 100 101 102 103 104 105 106 107 108 年

資料來源：內政部統計處

平均每個人一輩子可以賺多少錢，又要花多少錢呢？

主計總處（2020）薪資統計全體受僱員工月薪平均為 42,132 元，若從 25 歲出社會到 65 歲退休，假設年收 60 萬元，那麼總收入在 2,400 萬左右。

可是每個人醫療的平均花費又是多少呢？

若假設平均壽命 85 歲的話，一生花費包括了：食、衣、住、行、育、樂，這六大項與急難保險等等費用，若以統計資料每人一個月平均支出 25,000 元計算，一年需要支出 30 萬元，一

生需要支出 2,550 萬元，這沒有計算養育小孩的費用與孝親的費用，若有，則須再加上 500 至 1,000 萬元。而這個試算在未來還需要考慮通貨膨脹的問題，實質消費力將逐漸萎縮。

既然發現了這個問題，又該如何解決呢？這麼大的缺口該如何補齊，便是每個人當務之急。

我認為解決的方法有以下兩種：

1. 要有一項以上的收入來源。

2. 這個收入來源最好是可以終身經營的。

由此可知，股市（也就是金融交易）是我們可以選擇的方向。市場交易是永久存在的，倘若你不喜歡台灣股市，還有海外股市、外匯、基金等。所以關於這個領域的投資知識，絕對值得終其一生用心好好學習。

開始存錢並及早投資，這是最值得養成的好習慣。
—— 巴菲特（Warren Baffett）

人工智慧將帶來就業冰河期

人工智慧（AI）與機器人是近年來相當熱門的議題，不僅是各大國家政府非常重視，許多頂尖公司也在日以繼夜地研發，現在各產業也快速普及應用，隨著未來 5G 網路的到來，這行業發展將無可限量。未來就業市場上將會不再需要那麼多人力，由 AI 逐漸取代勞力需求。

究竟會如何影響人類的工作狀況呢？

大致可分類為四層。

第一層影響：製造業裁員，加速自動化

此處不難理解，從過往來看，自工業革命以降，一些機器能夠從事的、較為簡易的工作機會都逐漸消失。

第二層影響：消費緊縮，景氣蕭條

失去工作機會，便沒有收入來源，大家自然會想著節儉的過日子，都不消費的情況下，市場需求減小，供給自然也會逐漸減少。大家不消費，景氣只會愈漸低迷。

第三層影響：服務業倒閉，服務業裁員

消費行為或消費場域活動若不活絡，服務業自然也會走向倒閉、裁員的階段。

第四層影響：加速服務業倒閉的惡性循環

從第一層至第四層影響環環相扣，不斷輪迴。最後可能每個人都領著政府每月固定發放的最低津貼生活。

既然已經預見這樣的危機可能會發生，那麼從現在開始能夠著眼的，唯有超前布署，至少比起他人能更從容應對。

> 一生能夠積累多少財富，不取決於你能夠賺多少錢，
> 而取決於你如何投資理財，錢找人勝過人找錢，
> 要懂得錢為你工作，而不是你為錢工作。——巴菲特

哪怕成功躲過了被裁員的失業風波，微利時代的到來，壓縮企業與個人獲利，加薪已經無望。根據《2019 年中小企業白皮書》發布資料顯示，2018 年台灣中小企業家數為 146 萬 6,209 家，占全體企業 97.64％；中小企業就業人數達 896 萬 5 千人，占全國就業人數 78.41％。由此可見中小企業是多數台灣人民賴以為生的關鍵。

但當景氣發生波動，中小企業將受影響甚巨。由於近 20 年全球化與網路化，導致各種資訊透明與快速流通，消費者的選擇增加，同樣的商品也許在國外買更便宜。如此，大大地增加了中小企業的經營難度，縮減了企業的生存空間。

根據一項調查，台灣中小企業的平均壽命為 13 年，而台灣人口的 75％以上是在中小企業任職，也就是有超過 7 成以上的工作人口及家庭，可能會受到中小企業裁員或倒閉影響。

若一個人大學畢業入職，大約 22 歲進了中小企業，一路努力辛苦在同一間公司奮鬥 10 年，坐上了比較高的職位，等到大概 33 歲結婚了有孩子了，結果公司撐不下去，要求自動離職。

這樣的風險，你有能力承擔嗎？這也就是為什麼人們要盡早學會投資理財。

台灣已不再是那個只要透過自己雙手努力，就一定能改變人生的時代，當年榮景已過，如今不是一股腦地拚命，而是要開始動點腦筋學會如何運用巧勁。

風險來自你不知道自己正做些什麼？──巴菲特

富人投資大量的教育費在下一代，讓下一代看見更寬廣的世界，擁有更豐富的見聞，學習更多的先進技術，以便繼續在起跑點就贏過其他人。當父母以為功課好就能幫助孩子，但在未來就業市場上真的能因此就擁有絕對的競爭優勢嗎？對於這個想法不能說錯，教育能給予下一代，不只是在學科方面的知識，更有品德上的培養。這些是我們認為最需具備的基礎。

　　可為何學校在公民課上有教政府、教體制、教法律，唯獨很少提及「投資理財」呢？

　　學校沒有建立教學「投資」的系統，其實是中產階級快速消失的原因之一，M 字型社會的情況會逐漸加劇，愈演愈烈。我們從小到大受的教育，很少引導學習「如何正確使用金錢」、「如何有價值使用金錢」，以及「如何賺錢」這些課程訓練。

　　「理財」是「有效率使用與管理金錢」的一門知識，屬於守成；而「投資」是「有效率地增加與管理金錢」的一門知識，屬於進攻。一場比賽要想打得好，不僅「防守」要強，也必須要學會「進攻」。

　　在現今的社會，這兩項知識技術對於增進個人與家庭的「幸福感」非常重要。我的朋友之中，有一些人在「理財」方面出了問題，導致手上有限的資源，沒有辦法使用在對的地方。等真正的機會來臨時，無法把握，難以施展拳腳，只能眼睜睜地錯過，這是非常可惜的事情。

表 1-1　現今環境的三大挑戰

	變化	導致	影響
現況	全球化	快速流動	公司企業大者恆大，中小企業不易生存
環境	薄利時代，人工智慧、機器人普及應用取代勞工人力與持續凍薪	失業率提高經營高度競爭	不動產店面大量空租與商圈崩壞解構的蝴蝶效應
影響	無限 QE	物價高漲，大量的資金追逐有限的資源與商品	

※ 量化寬鬆（Quantitative easing，簡稱 QE）為非常態性的貨幣政策，簡單來說就是增印鈔票。

資料來源：作者整理

> 唯一會妨礙我學習的是，我所受到的教育。
> ——愛因斯坦（Albert Einstein）

解決方案：

　　學習投資，讓自己與好公司同行，讓好公司幫你賺價差與存股養你一輩子

通貨膨脹快速拉大貧富差距

　　全球化的浪潮超過 20 年，大部分報章雜誌或新聞媒體，都探討全球化對公司企業的影響為主，甚少探討對於個人就業者的

影響。

　　全球化使台灣的物價快速與國際主要國家物價拉近，可是台灣平均的薪資水平卻倒退 20 年，讓許多中產階級向下沉淪（金錢購買力下降）。若不想被時代淘汰，解決的方式是學好一門含金量高的專業知識。

　　案例：20 年前，網路剛興起，若未趁早因應的商家，等到營業額掉了之後，則需要花更多力氣才有可能轉型成功。現在已經是「網路取代馬路」，經過這次疫情，可以發現未跟上潮流開始線上辦公的公司，虧損會如何嚴重。只擁有線下的實體店鋪，也已非健全的方式生存，線上購物將會是未來的一大趨勢。

　　全球化使得台灣物價上漲迅速，無限 QE（量化寬鬆，簡單來說就是增印鈔票）加速通貨膨脹，讓你的資產每 10 年少一半。高通膨時代讓手上的錢快速貶值，購買力下降，一年 3~4% 負成長，若將手裡的現金都放銀行定存，利率根本不到 1%，物價上漲平均一年 5%，這麼做無疑是將錢越存越薄。

　　如何用錢滾錢，努力增加自己的被動收入，成為重要的投資目標。

　　「欲思其利，必慮其害；欲思其成，必慮其敗。」──諸葛亮

數據科學化邏輯分析股市行情

常有人覺得股市情形捉摸不定，不曉得什麼時候進場才是最佳時機。

但其實用最簡單的供給需求法則，就可以參悟。

平常逛菜市場時，我們都知道：若東西少了，價格就漲了；反之，若東西多了，價格自然也就跌了。

股市，也是一樣的道理。

股票漲了，代表錢多了，也就是許多人用許多資金去追逐公司發行有限的股票，自然價格高漲。股票跌了，代表錢少了，也就是大家不看好這檔股票。當市場的熱度退燒，原先追價的人不買了，買在低點的人想賣了，價格就會快速下跌。

但了解這個道理，也未必知道如何買、怎麼買。

孔子曾言：「學如逆水行舟，不進則退。」無論求學或是就業做生意，如果一味保持現狀，一定會淘汰。股市可能因為一個新的政策改變，或是環境變化，就讓市場產生巨大的變動，但若適應能力強，擁有與之相應的相關知識去應對，那麼將不害怕這樣的動盪。而這些相關知識皆由資訊淬煉而成，需要時間累積，進而形成 Know How，而使用這個 Know How 的能力，往往是面對同質者勝出的關鍵。

> 決定命運的，不是股票市場，
> 也不是上市公司本身，而是投資者本人！
> ——約翰・奈夫（John. Neff）

優秀交易者是永遠不會失業的

　　想成為優秀的投資人或交易者嗎？那麼要先從了解自己著手。

　　投資人可以分成以下 4 種，不同種類的投資人個性不相同，在交易市場上能夠接受的風險自然也就大不相同，以下為 4 種投資人的類型：

1. **非常積極**：接受風險程度最高，追求報酬程度最高
2. **積極**：接受風險程度高，追求報酬程度高
3. **保守**：接受風險程度低，追求報酬程度一般

圖 1-2　成功交易的六種元素

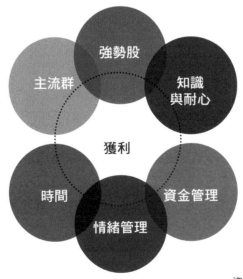

資料來源：作者整理

4. **被動**：接受風險程度低，追求報酬程度低

交易者核心競爭三力：規劃能力、思考能力、應變能力

因為每個投資人的經濟實力不一，投資之前，需要了解自己的個性，投資的風險最高能承擔到哪裡，不能因為獲利高即蜂擁而上。若覺得自己可以接受投資的風險很廣泛，那麼也不必將雞蛋全部放在同一個籃子中。按照喜好和個人可負擔程度，自由調整比例，也許是個更佳的方式。

那麼既然已經「知己」，想當然也要「知彼」，方能百戰百勝。

以下是身為投資人的你，一定要具備的能力！

1. **判斷趨勢**
2. **找對主流**
3. **判斷正確的進出場點**

判斷趨勢，找對主流，不只可以透過以往股價紀錄，有時也可以多看相關新聞，去了解更多資訊，若能去國外網站更好，因為哪怕有網路的存在，現實中也常存有一定的資訊差。

至於第三點「判斷正確的進出場點」，將在本書後面的章節中提到，如何利用 K 線建立自己的股市事業。

而成功投資者的通常會有一些特質。

首先，他們通常必須有旺盛的企圖心，腦袋有很多點子、想法，並且勇於冒險嘗試。接著，他們不喜歡上班族固定生活，更

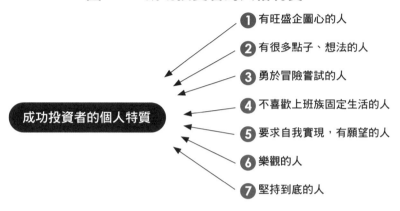

圖 1-3 　成功投資者的人格特質

- ❶ 有旺盛企圖心的人
- ❷ 有很多點子、想法的人
- ❸ 勇於冒險嘗試的人
- ❹ 不喜歡上班族固定生活的人
- ❺ 要求自我實現，有願望的人
- ❻ 樂觀的人
- ❼ 堅持到底的人

成功投資者的個人特質

資料來源：作者整理

追求自我實現，而且他們受挫後的復元力相當強大，且機會成本比較低，沒有過多負擔。

你看到這裡應該會相當好奇，什麼叫做機會成本比較低的人呢？

簡單而言，就是罣礙較少，有機會能冒險，因為失敗要負擔的成本非常低。通常越年輕越有本錢失敗，所以針對不同年齡層，也各有不相同的投資重點。

我大致將年齡層分為青年（18～35 歲）、中年（35～60歲）以及老年（60 歲以上），因為不同階段擁有的資金不同，能夠駕馭的資金比例也不一樣，追求的報酬率自然也不大相同。

下頁表格，為我推薦的人生各階段的投資與資產分配。

為何會如此建議呢？以下將列出，**投資人最常在股市賠錢的五大原因：**

1. 不知大盤在多頭還是空頭
2. 在多頭的回檔，停損出場
3. 在多頭的尾聲進場，接著行情走空開始套牢
4. 不在第一時間止損，導致越賠越大
5. 單子抱不住頻繁進出，導致交易成本過高吃掉獲利

無論新手或老手，都不應掉以輕心，不要覺得自己相當了解市場，努力精進技術和了解相關知識才是正確的做法。

> 股票投資，必須具備正確判斷的能力，
> 這樣才不致盲目隨從，釀成失敗！——傑姆・羅傑斯

表 1-4　人生各階段的投資與資產分配

人生各階段的投資與資產分配

投資 ＼ 年紀	18~35	35~60	60 以上
預計報酬率 / 月	20%	10%	5%
預計虧損率 / 月	8%	5%	0%
投資屬性	積極成長	穩健成長	收益擴張

個人生涯各階段投資配置

年紀	股票	存股
18-35	股票 70%	存股 30%
35-60	股票 50%	存股 50%
60 以上	股票 30%	存股 70%

資料來源：作者整理

圖 1-5

不同年齡的投資者 / 不同資金的投資者，需要的能力也不同

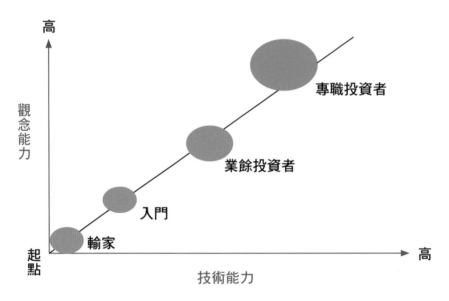

資料來源：作者整理

> 主流股票，常能漲得驚天動地，
> 但其他平庸個股，連一絲漣漪都不會起！——威廉・歐奈爾

透過長多趨勢好的公司打造聚寶盆

那麼可能有人會說，自己天生眼光差，就是不會買股，怎麼辦呢？

表 1-6　不會買股，把錢投入市值最大的 10 家公司吧！

	全球十大公司		我國十大公司	
	公司名	市值	公司名	股號
1	沙烏地阿拉伯國家石油公司（Saudi Aramco）	市值約 1.7 兆美元	台積電	2330
2	蘋果（Apple）	市值約 1.6 兆美元	鴻海	2317
3	微軟（Microsoft）	市值約 1.524 兆美元	聯發科	2454
4	亞馬遜（Amazon）	市值約 1.5 兆美元	台塑化	6505
5	Google 母公司 Alphbet	市值約 1 兆美元	中華電	2412
6	Facebook	市值約 6,578 兆美元	台達電	2308
7	騰訊	市值約 6,509 億美元	台塑	1301
8	波克夏海瑟威（Berkshire Hathaway）	市值約 4,726 億美元	國泰金	2882
9	VISA	市值約 4,192 億美元	南亞	1303
10	台灣積體電路製造（Taiwan Semiconductor Manufacturing）	市值約 4,100 億美元	聯電	2303

資料來源：作者整理

我想在這裡告訴你們所謂的馬太效應（Matthew Effect）。馬太效應，是指好的愈好，壞的愈壞，多的愈多，少的愈少的一種現象，即兩極分化現象。我們可以看看台灣前 10 大市值公司，符合馬太效應，大者越大。

　　這些投資標的很明顯一定不會差，但投資此類公司並不代表可以放著不用管、不去理會，還是需要了解其相關知識，以便第一時間止損，完美地從危機當中抽身。

> 市場就像上帝一樣，幫助那些自己幫助自己的人，
> 但與上帝不一樣的地方是，
> 他不會原諒那些不知道自己在做什麼的人。——巴菲特

　　正值中年或即將步入中年的朋友們可能還會說，投資股市不如貸款買房投資，或存定存，這樣比較保險。我說：與其貸款買房投資，不如買營建股。與其定存，不如買金融股吧！

　　近幾年房價快速上漲，我身邊有不少朋友貸款買房，有些為了自住，有些為了投資收租，有的為了投資轉賣。但自己貸款買房做為投資標的，需要承擔的風險難以預料。如果是以投資為目的，那是否有更好的做法？其實是有的，就直接買建設公司的股票（營建類）就好了。

　　我簡單以 2 檔股票為例。

　　冠德（2520）這檔股票，2020 年從低點 17.6 元起漲，大約

經過 5 個多月的時間，價格最高來到 42.9 元，波段漲幅高達
134％，如果以投資的角度來看，是不是也不輸實際買房子呢？

圖 1-7　冠德

資料來源：XQ 全球贏家（嘉實資訊）

而以金融股來說，元大金（2885），在 5 個多月的時間，也
從 14 元上漲到 19.4 元，有 39％的漲幅呢，這樣是不是比銀行定
存高多了？

圖 1-8　元大金

資料來源：XQ 全球贏家（嘉實資訊）

表 1-9　常見投資交易方式

類型	內容			
		說明		
波段	優點：掌握主要趨勢 (例如多頭主升段) 在一定期間透過價差空間獲取利潤	特色：通常以 1~6 個月為操作周期，若操作良好，報酬率通常可達到 100~200%	難度：稍難	
		說明		
長線	優點：不理會短期的波動，但通常需要主流族群的強勢股才有機會	特色：以半 ~2 年為操作周期，報酬率有機會達到 300~500%	難度：較容易	
		說明		
當沖	優點：以小搏大，在有限的時間規避無開盤留倉的風險	特色：沒有開盤交易的時間是變數最大的時候，當沖可以有效規避此一風險	難度：最難	
		說明		
存股	優點：透過經營良好的公司每年發股利獲取收益	特色：累積被動收益的好工具	難度：容易	

資料來源：作者提供

表 1-10　不同操作周期的操作要點

項目	波段	短波段	長線	當沖	存股
主要考慮	選股能力	爆發力強	產業前景	波動大	穩定配息
關注點	主流族群有題材	強勢股成交熱絡	長期趨勢向上	風險報酬比	好公司合理價位
時間周期	看日 K 1~3 週進出一次	看 60 分 k 3~5 天進出一次	看月 k 數月進出一次	看 5 分 k 當天進出	看週 k 數月買進一次長期持有
難度	高	較高	低	最高	最低
和交易者關係	適合成長型交易者	適合積極型交易者	適合穩健型投資者	適合以小搏大	長期獲取被動收益

資料來源：作者整理

我認為定存應當是為了準備緊急預備金又或強迫自己建立儲蓄習慣，當然若大家比較偏向保守也可以定存，但可以調整比例。例如可利用接下來將會介紹的 28 均線系統，在大盤高於 28 日均線時代表景氣繁榮的多頭，可提高股票投資比例，降低定存比例，個人建議投資 70%，定存 30%。相反的，當大盤低於 28 日均線，代表市場低迷，可將資金轉入定存。等到一段時間大盤重回 28 日均線之上時再投入股市賺取收益。所以只要學習判斷何時進場最合適，投資股票何嘗不是一個好選項？

　　看到這裡，想必聰明的各位都知道該怎麼做了。

　　為了未來的生活品質，請告別窮忙，打造自己的股市聚寶盆吧！

　　接下來，我會一步步教導各位如何透過一條線，創造月報酬率 50％的股票投資事業。讓各位有更多機會去體驗世界的美好，而非成天灰頭土臉坐在辦公室擔心考績、業績，仰天看著天花板長嘆。讓自己被動收入增加，才不至於日日擔心工作搞丟，也能有更多機會學習精進自己，提升工作能力。

第二章
知識技術篇

判斷股價的走勢，可以用 K 線、成交量、趨勢線等技術指標來進行。

股市地圖——K 線精解

K 線，是在股市裡常聽到的名詞，但 K 線究竟是什麼？

K 線，簡單來說，就是用來反映成交價格的紀錄型態。該特色在於在一根 K 線內，可以簡單表現出四種交易訊息。K 線不只簡單易懂，對於經驗豐富的人來說，更能產生一種直覺式的反映判斷。而多根 K 線連結在一起，更能看出該標的價格趨勢。

因此，不只是用在股票投資市場上，K 線也廣泛用於期貨、原物料、貴金屬、匯率、虛擬貨幣等有連續性交易價格的其他商品。

K 線，雖然說是線，但不是只有線。K 線是由實體及影線所組成。實體相對於影線較粗，用來表示開盤及收盤價格；影線則位於實體線的上下，用來表示此 K 線交易價格的最高及最低價。因為形狀像蠟燭，也被叫做蠟燭線。也因為有實體的關係，因此 K 線也被稱為 K 棒。

K 線如何看

當我們打開看盤軟體，有紅色、綠色又有方塊又有線，有的呈現十字形狀，也有看起來像是 T 字型的，而這些究竟是什麼意思？我們將使用最簡淺易懂的方式，一步步地來解釋。

K 線的組成：

解釋 K 線的組成之前，要先了解，K 線要表示的不是只有「單一價格」，而是在「一段時間內」的「成交價格」。常聽到日 K、月 K 這類的名詞。指的就是以日或月為一個時間單位做出來的 K 線。而在這個時間單位內，通常都會有多筆的成交價格。而這些成交價，K 線將它分類為以下四種：

圖 2-1　K 線表達了一段時間內，開盤、收盤、最高及最低價

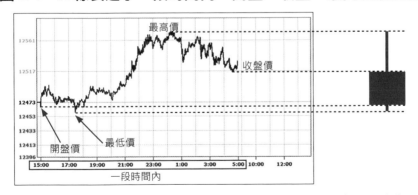

資料來源：作者整理

1. **開盤價：**

   此時間內該 K 線的第一次成交價格。

2. **收盤價：**

   此時間內該 K 線的最後一次成交價格。

3. **最高價：**

   此時間內該 K 線的最高價格。

4. **最低價：**

   此時間內該 K 線的最低價格。

當中無論價格如何漲跌起伏，一根 K 線的形成，都是以此四種價格當依據。其中開盤及收盤用實體（粗線）來表示，最高及最低價則用影線來表示。然後將實 K 及影線的串在一起，就是我們所稱的 K 線了。

K 線漲跌的分辨：

知道了 K 線組成的主要四種價格後，來說說這四種價格位在 K 線上的位置。

最高價與最低價一定是處於 K 線的最上方與最下方，但是開盤與收盤呢？開盤與收盤都是用實體表示，那麼要怎麼知道開盤價與收盤價哪一個高，哪一個低呢？

K 線在開盤與收盤價的區分，通常會有二種型式：

1. **實心與空心：**

當開低收高，收盤價高於開盤價時，K 線實體部分會以空心來表示；而當開高收低，收盤價低於開盤價時，K 線實體部分以實心來表示。

2. **紅色與綠色：**

當開低收高，收盤價高於開盤價時，K 線實體部分會以紅色來表示（俗稱紅 K）；而當開高收低，收盤價低於開盤價時，K 線實體部分為以綠色來表示（俗稱綠 K）。

3. **十字線：**

當開盤與收盤為同一價位時，原本的實體變成了一字線，如

圖 2-2　K 線的組成

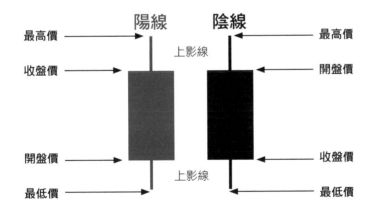

資料來源：作者整理

果時間單位內的交易價格，有高於該價格及低過該價格，在最後收盤時回到原本開盤價，即為十字線。

K 線的時間單位：

如前面所說，K 線要表示的是「一段時間內」的「成交價格」，並不是單一次的價格，因此 K 線可以設定不同的時間周期計算。記錄一天的股價叫日 K、一週股價叫週 K、一個月股價叫月 K，依據不同的需求，還可以設定 1 小時（60 分）K、1 分 K、5 分 K 或 30 分 K 等，每一個時間設定都有不同的意義。

1. **日 K 線：**

日 K 是最常用的一種設定，它表現出一天股市的成交價格。

2. **週 K 及月 K：**

週 K 及月 K 通常是用來判斷股市中、長期的**趨勢**走向。在這裡值得一提的是，週 K 及月 K 所指的是當週及當月，並不是每 5 天、7 天，或是每 22 天或每 30 天計算一次。

簡單舉例來說，09／10 是星期一，但當週只開盤了三天就遇到了中秋連假，09／13（四）股市即休市到下星期一，那麼該週 K 便只會計算到星期三。從下星期一開始，即是下一根的週 K 棒，並不是合併天數計算。

月 K 也是如此，不計天數，而是以月為周期計算。

3. 小時 K 及 5 分 K：

這是一種極短線的 K 線，大概只有當沖客會使用到，以 5 分 K 搭配小時 K，來判斷當天股價的漲跌。

由於 K 線跟其他線型圖比較起來，更能呈現出更多資訊（能看出開、高、低、收）。雖然是簡化後的表現方式，無法一窺盤中走勢，不過也充分地反映出了市場上價格的相對情緒。從開頭、結尾到最樂觀、最悲觀的價格一起表現了出來，因此有參考與解讀的價值。

K 線基礎型態：

在了解了 K 線的組成後，這邊以更簡單的區分，來分析 K 線型態的樣式，及其背後的涵義。

紅 K 線：

紅 K 線最主要成因為該 K 線的第一筆成交價格，低於最後一筆成交價，不論 K 線中間如何走，這都是必要的條件。

1. 長紅 K：

強勢買盤格局，收盤高過開盤許多，且沒留有任何影線，通常代表著盤中賣方敵不過買方的攻勢，普遍性看好後市，追價意願高。

2. 短紅 K：

雖然與長紅 K 相同型態，但收盤價格並沒有高出開盤價許多，代表著買方追價的意願不高。除非與前一根 K 線相比開盤價高出許多，不然多為盤整或成交量低才會出現的型態。

綠 K 線：

綠 K 線最主要成因為該 K 線的第一筆成交價格，高於最後一筆成交價。與紅 K 相同不論中間盤勢如何走，這也都是必要的條件。

1. 長綠 K：

強勢的賣方格局，收盤低過開盤許多，且沒留有任何影線，通常代表著盤中買方敵不過賣方，普遍性看淡後市，追價意願不高，且不計價格想出脫手上股票。

2. 短綠 K：

收盤價略低於開盤價。沒人想買，但賣的人也不多。大多數人處於觀望狀態。

影線型態：

影線主要是盤中有出現較高或較低於開盤及收盤的價格，藉著與紅綠 K 的搭配，更能判斷出股市走向。

影線分上影線、下影線、上下影線等諸多型態。這裡舉幾個

有較大意義且需要特別注意的型態解釋。

1. **長下影線：**

   K 線中只出現長下影線，而沒有上影線時。此型態代表著盤中大量賣壓出籠，但賣到了某個價格之後，買盤也跟著大量出現，將價格向上推升，有時甚至會出現收盤高於開盤。

   我們可以簡單解釋成該賣的賣完了，還沒買到也要追價買，搭配著成交量及前一根 K 線，可判斷出後續看漲。

2. **長上影線：**

   長上影線與長下影線相反，在 K 線中只出現長上影線，而沒有下影線。可以判斷在盤中的買盤抵擋不住沉重賣壓，反而將上漲的股價打回來，有時甚至會出現收盤低於開盤，呈現出實體綠 K 加上上影線的型態。

3. **上下長影線：**

   在一根 K 線中出現了上下都很長的影線，且此時實體 K 通常都會很短，甚至整體看起來是呈現出十字線型，代表著盤中波動大，買方跟賣方都有自己的想法，要漲還是要跌狀況不明確。搭配成交量及籌碼面確認，極有可能是變盤的前兆，但也有可能是主力要換手操作。

其他線型：

除了紅 K、綠 K 跟影線外，還有另一種就是開盤價等於收盤價的一字線。在一整天的交易中，只出現了一種價格，而沒有其他價格的出現。也就是漲停跟跌停。

在台灣股市交易中，除了新上市的股票，皆設有漲跌停的限制。當大家都想買，且願意用極高價位去買進，但只有極少數人想賣，此時股價就有一個天花板價格擋在那邊，這便是漲停；而跌停則是相反。

會出現此情形，通常都是該公司在前一天出現大利多（利空），或是購併等重要訊息，股價在開盤前就受到大量投資者的認同，要追價買進或是低價賣出。

連續 K 線組合技巧：

當我們要買進或賣出一支股票時，通常不會只看單一根 K 線，而是以連續性 K 線來推斷股價未來的走向。而這些連續 K 線究竟背後是什麼意義？

單一根 K 線只能判斷出該時間單位內走向，無法預測出未來趨勢。但如果是數根 K 線連續一起判讀就不一樣了。

股市不會只有漲，也不會只有跌。每一個波段的形成都有其必然性，而 K 線主要就是用過去的股價走勢，來判斷趨勢。何時反轉、是否繼續漲跌及盤整結束是要上攻，還是下殺？這些訊

息都能由 K 線來判斷。

我們舉出一些比較常見且實用的 K 線連續型態當作參考。

繼續型態：

當我們抱著一檔股票，在上漲時，不知道何時能做到最大獲利；在下跌時，我們也無法得知停損到底對或不對。繼續型態，主要就是讓我們知道，這一段走勢是要結束了，還是要繼續。

1. **上升三法：**

原先趨勢為上漲，第一根 K 線一定要是中長紅 K，而第二、三、四根 K 線都是小紅 K 或小綠 K，且形成一個下降走勢，但是都沒有跌破第一根 K 線開盤價，第五根 K 線開高走高，收盤價突破前四根 K 線，再創新高。

此為上漲趨勢中的續攻型態，後勢仍會續漲。在 K 線的分析中，當原本就是上漲的走向時，我們可以看到第一根 K 忽然地猛攻，在第二、三、四天上漲無力，有人開始賣股票，但賣的價格卻都沒有過第一根上漲的低點，就表示也有人開始接手了。而第五天又開出長紅 K，想像一下，這是不是就像前面說到長下影線的樣式，代表著該賣的賣完了，還沒買到也要追價買，所以當然還是會續漲。

反之，在下跌趨勢中，先是中長綠 K 再加上二、三、四根

小 K 呈上漲走勢，但都沒有突破前高，在第五根時開低走低，再創新低，則為下降三法。此為續跌型態。

圖 2-3　上升三法

資料來源：作者整理

2. **上漲三線攻擊：**

原先**趨勢**為上漲，中間有連續出現三根紅 K，收盤價持續創新高，但第四根 K 線開盤價更高，結果出現長綠 K，且收盤價低於第一根紅 K 的開盤價。

此亦為上漲**趨勢**中的續攻型態，後勢仍會續漲。在 K 線的分析中，當原本就是上漲的走向時，連續性的三支紅 K，且持續創新高，代表著股價被大家看好，而第四支長綠 K 的出現，代表著空方一口氣將手上股票出脫，無論是獲利了結，或是偏空看待，此時空方手上的籌碼大幅減少，將無力續殺。

如果是保險一點的投資人，可以等第五支 K 線出現，當

第五支 K 開高且沒有跌破第四支 K 的低點時，繼續上漲
的走勢幾乎可以確定，此時再下手買進亦可。

反過來看，便是下跌三線攻擊。

圖 2-4　上漲三線攻擊

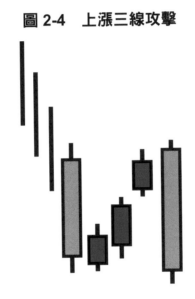

資料來源：作者整理

反轉型態：

　　股市絕不會只有一直漲不跌，也不會只有一直跌不漲的股
票。一直漲，我們會怕它要跌下來了；一直跌，要跌到何時也不
知道。因此，得知何時反轉是相當重要的。在反轉型態中，也有
幾種常見，且準確極高的 K 線。

　　1. 槌子：

形狀像槌子一樣，上面是個厚重的實體，下面則是一根長長的棍子。

槌子是一個非常重要的反轉訊號，槌子必須發生在大幅度的下跌之後或是嚴重的超賣情況中。如果只是發生在兩、三天的下跌走勢之後，則沒有太大的意義。

在連續大幅下跌的波段中，忽然出現了一股力量極強的下殺力道，結果卻被買盤買回來，收盤時不論有沒有高於開盤價，只要沒留有上影線，無論是紅 K 或是綠 K，都象徵著此下跌將反轉。

我們可以想像，手上有股票持續性地賣出，造成了股價下跌，在大幅度賣出股票後，空方形成了空手的現象，此時多方大幅買進，那麼買的會再繼續下殺股價，還是做一番哄抬呢。

圖 2-5　槌子線

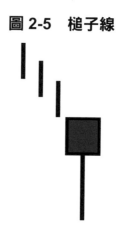

資料來源：作者整理

2. 吊人：

　吊人也是長得像槌子一樣，是個留有長下影線的 K 線。
不同的是，吊人是發生在連續上漲的波段。吊人的反
轉，是準備要跌下去了。如果難以分辨，那只要記得槌
子是在低檔，吊人是在高檔就可以了。

　大家或許會覺得奇怪，為什麼都是「出現了一股力量極
強的下殺力道，結果卻被買盤整個買回來」，在槌子中
是反轉向上，而吊人卻是下跌。主要是因為槌子在下跌
波段產生，股價空方已經殺了好一段，而買盤剛出現，
後續還有力道持續追買。

　但吊人並不是這樣，在上漲波段中，多方已經連續做多
一陣子，忽然出現了一股下殺力道，雖然收盤時仍被多

圖 2-5　吊人線

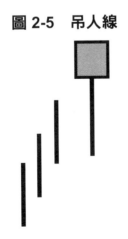

資料來源：作者整理

方買回來，但這根下影線表示空方的第一次攻擊終於出現了，多方在連續做多之後，是否還留有銀彈推升股價持續上漲不一定。也因此，槌子會出現在大幅度的下跌之後，吊人需要出現在大幅度的上漲波段後。

3. **孕線：**

孕線主要是由兩根 K 線組成，第一根是較大的實體 K 線，第二根則是較小的實體 K 線。第一根 K 實體的部分完全涵蓋住第二根 K 線，就像是母親懷孕，在身體的肚子內，完全包住另一個生命體，因此稱為孕線。

孕線最好的狀態是第二根 K 的上下影線仍未超過第一根 K 的實體，且第二根 K 的上下影線均為短線。

孕線最保險的判讀方式可取決於第三根 K，當股價為上漲趨勢，一段中長紅 K 在前，緊接著是一段小綠 K，我們可以想像得到，明明是在上漲階段，卻出現了開低也沒有過前高的 K 線，是不是多方已經無力繼續買了。此時如果第三根 K 的收盤價低於中長紅 K 的開盤價，幾乎可以確定上漲趨勢要反轉了。

多方不只無力上攻，反而空方開始行動，那麼股價不下跌嗎？

同樣的，如果是在下跌趨勢，出現了中長綠 K，隔天一段小紅 K 開高收高，雖然沒有過前高，但第三天收盤卻高過了中長綠 K 的開盤價，我們也必須知道，空方也沒

力可以繼續賣了，多方準備好攻擊要上漲了。

實戰教學：

在股市中，最令人害怕的不是漲跌，而是不知道漲跌，抓不到轉折點。

續漲就續抱，續跌我們就空手觀望，但不論是續漲或續跌，終有反轉的一天。當持有股票時，要注意的是該在何時停利，避免股市下跌，轉盈為虧；而看好一檔股票時，何時該出手買進，不是等漲了一個波段後才進場，減少獲利，甚至可能成為主力出貨的目標。

在了解了 K 線的樣式及型態後，當然不能紙上談兵，而是要懂得如何實際操作。舉二個淺顯易懂的例子來討論。

2020 年初，股市因為新冠肺炎的關係造成恐慌性的下殺。所有的股票幾乎罹難，無一倖免。但在這一片下殺中，要如何不被恐懼所感染，知道何時要翻轉向上呢？

圖 2-6 為台積電及聯電的 K 線圖，可以很清楚看到這是標準的槌子型態。在一陣恐慌性的下殺後，在當日出現大量買盤支撐住了股價，且隔天收盤仍高於當日股價，然後 V 型反轉向上。

圖 2-7 為鴻海在 2020 年初在肺炎前後的 K 線圖。

圖中我們分為兩個轉折型態看。其中一個為孕線，可以很明顯看到，該股價原本已經開始轉空下跌，但之後便出現了懷抱孕線，然後在第三天時，股價收盤向上漲超過母線的開盤價，之後

股價即開始逐步墊高。

只是很不幸的，沒多久之後就爆發了肺炎，全球股市瘋狂下跌。但在圖中也可以很明顯看到鎚子的反向型態，股價上漲中，原本該持續向上的股價，在當日遇到賣盤直接下殺，留下了上影線，且隔日直接低於當日收盤價，基本上可以判斷股價另一階段的反轉出現。

在 2020 年疫情前後，原本樂觀預期股價該持續上漲的，遇到疫情反轉向下。在持續向下的過程中，也引發大量恐慌，讓廣大投資者不知所措。

但如果我們可以拋開所有心理因素，不是由市場波動帶著情緒上下起伏，而是以 K 線來判斷股價漲跌轉折，反而可以避免損失及提高獲利。

圖 2-6　槌子線出現代表反轉：
台積電與聯電在 2020 年初的股價反轉

台積電（2330）

聯電（2303）

資料來源：XQ 全球贏家（嘉實資訊）

圖 2-7　懷抱孕線也是反轉的跡象：以鴻海為例

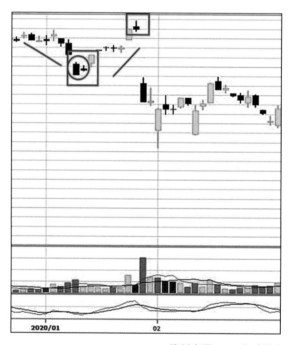

資料來源：XQ 全球贏家（嘉實資訊）

糧草先行——成交量

孫子曰：凡用兵之法，馳車千駟，革車千乘，帶甲十萬，千里饋糧，則內外之費，賓客之用，膠漆之材，車甲之奉，日費千金，然後十萬之師舉矣。

孫子說：只要是用兵打仗，就必須動用戰車千輛、運輸用車千輛、穿著盔甲的士兵十萬，還要從千里之外運送糧食。這樣前前後後花費的支出、外交的情報費用、製造兵器的原物料、車輛的保養，每天都要先花掉鉅額款項，然後十萬大軍才能出動。

打仗，怎麼有不花錢的。而在出兵之前，就得先準備好武具器械及兵士跟戰馬的糧草。如果不先準備好，等到要打仗時就來不及了。

在股市中，成交量也是一種判斷走勢的重要指標。有交易，就要有金額；要交易，就得花錢。沒錢，沒人買賣，沒成交，股市怎麼會漲呢？

成交量是什麼

在股市裡交易，就是要有一個買，另一個賣，才能算一次成交。

想像一下，當我們逛著夜市看到一件自己喜歡的衣服，上面的價格標示著要 599 元。我們很喜歡這件衣服，卻又覺得這件衣服並沒有那個價值，然後跑去跟老闆喊價 450 元。衣服就是「股

票」，夜市老闆是股票的持有者，也就是賣方。老闆「掛賣」599 元，而我們想要 450 元買到，於是我們「掛買」450 元。這樣有成交嗎？當然沒有。

可是如果老闆急著想賣掉，而我們也愈看愈喜歡，愈來愈想擁有它。老闆願意降價賣，我們也願意拉高價錢買，在兩邊殺價來喊價去，終於在 500 元的時候，兩邊都覺得這個價格合理了，衣服買賣成交了，這時就是成交了「一件」衣服，價格就是「500 元」。

當然，股票不是夜市裡的衣服，想賣的也不會只有老闆一人，想買的也不會只有我們。所以成交不會只有一件，價格也不會固定在 500 元。如果老闆共賣出去了三件衣服，成交金額有 550／450／500，這樣的話，我們通常會說成交了「三件」，成交總金額是「1,500」。

在股市裡，加權指數的成交量，通常會以「總成交金額」來表示，而個股則會以「張數」表示。

原因主要是，因為加權指數裡面的個股價差太多，有雞蛋水餃股，也有上千元的股王；有總張數幾萬張的小股本股票，也有數百萬張的大股本公司。如果加權指數是用張數來計算，我們很難解到每一天究竟有多少金額在股市進出。

而個股就不一樣了，個股因為價格跳動，如果是用金額計算，我們無法知道有多少人在買賣，因此個股主要是以張數為主。

我們再回到夜市，老闆賣出三件衣服，我們擁有一件 500 元買的衣服。如果這時有人有意願 600 元跟我們買，而我們也願意賣的話。原本是成交了「三件」，總金額「1,500」，現在變成了成交「四件」，總金額是「2,100」。

發現了嗎，不管是誰買誰賣，只要是有交易，有成交，這些都要一起計算。

成交量的意義

股票的買賣是價格，成交的總數就是量。買進一張股票時，除了看想要的價格外，還得注意成交量。當一支股票長期成交量都很低迷時，表示這支股票買進賣出的人數相當少，流動性低。代表當我們想買時，極可能很難以想要的價位入手；當想賣時，也可能很難出脫股票。

除此之外，成交量變化與股價的關聯也很大。想要漲，就得有人買；想要跌，就得有人賣。當大多數人普遍性看好股票，買盤湧入，成交金額及張數擴大，股價自然會往上漲。而當大多數人看淡股票，賣的人多，卻沒有人想要買，量能萎縮，股價自然就該下跌。

一、價漲量增：價格上漲，且成交量也增加

這只是初階的看法，實際操作並沒有如此單純，價量關係比想像的複雜。下面，我們將舉出常見且容易判斷的價量關係加以解釋。

這表示市場很熱絡，成功吸引許多買盤，且買方跟賣方對於交易很積極。買方願意以高價格購入股票，賣方也願意出脫手上持股，且價格愈墊愈高，對於後市上漲保持樂觀態度。

二、價漲量縮：價格上漲，但成交量卻減少

雖然股價上漲，但買賣雙方的交易趨緩。有可能是買的人變少，也有可能是賣方惜售。對於股價的後市建議搭配其他參考指標，確認是買方減少或是賣方減少。若是股價已經上漲多時，但忽然買盤大減，且賣方只願在高檔賣，而不願降價賣，才導致成交量大減。即有可能是市場判斷股價過高，續漲無力，後市須小心謹慎。

三、價跌量縮：價格下跌，成交量也跟著減少

這顯示市場買氣冷清，價格偏低，買方還是不願出手買入，極有可能市場正在探底。此時通常會橫向整理，待買方大量湧入，成交量大幅增加時，才有上漲的機會。

四、價跌量增：價格下跌，成交量卻暴增

此種狀況最好是先判斷出股價的趨勢，如果原本股價走向就處於弱勢，出現下跌又爆量的情況，可以判斷為停損賣壓大量釋出手頭持股，落股價還沒落底，極可能會再續跌。但如果是股價已經跌了太深太久，也有可能吸引到低接的買盤進場。雖然不會一下子大漲，很有可能股價已經落底，開始偏向橫盤整理。

小成交量的重要性

一支股票要上漲，必須要有主力想做多，但要記住，主力永遠都不會幫散戶抬轎。任何一支股票，幾乎都是主力先掃了貨之後，再將價格向上推了一個波段，而散戶在確保股價上揚後，才敢跟著進場。而愈晚進場，承接主力出貨的機率愈高。

因此，主力要推升突破現有股價，成交量絕對是關鍵。股票放著沒人買，光是靠著自己的下殺，不知道跌到哪去；但如果是要上漲，一定得突破壓力區，將空方手上的籌碼掃除乾淨，然後才能將價格推到自己想要的價位。

案例──糧草先行、大軍後至

說了一堆成交量的觀點，這邊以實例來講解，讓各位更了解價量關係。

圖 2-8 為聯發科 2018 年底 K 線圖。仔細觀察後可以發現，在一段整理區中，成交量並無特別突出之處。雖然仍有漲跌起伏，且配合成交量做出價量相符情況（即量增價漲，量跌價縮），但仍無法擺脫壓力區位置。

可是整理區間後段，我們可以看出一支爆量的長紅 K，直接突破壓力區。雖然後面幾天股價下跌，但配合量縮整理，仍是價量相符。之後，連續幾天爆量，帶動股價向上走一波。這些是很基礎的價量關係，我們想像一下，如果我們是主力，想要炒作一

支股票時，我們會怎麼做？

　　當我們要開始向上推波前，一定得先讓自己手上握有籌碼，如果手上連一張股票都沒有，就持續買進向上推升股價，我們有好處嗎？沒有。即使股價上漲，但花費的時間金錢真的太多了，獲利也絕不可能會是最大獲利。

　　但如果先在低檔時，持續買進看好的股票，等手上握有相當

圖 2-8　主力在盤整區進貨，等到持有足夠量之後，再猛烈拉抬股票

資料來源：XQ 全球贏家（嘉實資訊）

充分籌碼，之後再一口氣向上推，是不是更能事半功倍。

　　整理區間中，當我們買進了股票，推升了股價（價漲價增），但我們還沒買夠，我們需不需要讓股價回跌一點，所以當價格上漲到一定的位置時，就會製造供大於求的賣壓，讓價格根據供需原理自然下跌，隨後按照價格來到預設的位置，然後再繼續買進。此時股價回跌，沒人買賣（價跌量縮），然後反覆這些動作（成整理區），等到手中的籌碼夠了，一股作氣突破壓力區，直接帶動股價上漲。

　　基本上，只要價量不背離，後段的漲幅都是可以期待的。當我們了解主力的作法，了解了成交量的運作，在市場上交易一定能更駕輕就熟。

倚天屠龍——趨勢線／軌道線

　　每個人都知道要跟著趨勢做，反正股票一直漲，我們就跟著一直買；股票一直跌，我們就在旁邊觀望。可是有想過嗎？當我們看到股票一直漲的時候，進場買進了，但它還能漲多久？還能漲多少？何時會開始不漲？甚至開始下跌？

　　大多數散戶一定都會有相同的疑問，為什麼這支股票一直漲，當我買進後，卻開始跌了。又或者是，明明股票已經破底可以承接了，為什麼買了之後還是繼續跌？

　　其實，在這龐大的市場中，究竟有多少人能真正了解趨勢是

什麼；而即使明白了，又能有多少人知道這趨勢能維持多久，或趨勢究竟要反轉了沒？

趨勢線定義及重點

一、趨勢線要件：

趨勢是由兩種不同的要件結合而成，一個是時間，另一個是動向。在某一段時間內的動向，便可稱為趨勢。簡單來說，便是價格隨著時間變化的一種走向。

俗話說，兩點成一線，那條線有可能是上升或下降，或是角度不明顯，接近於平行，這些都是我們說的趨勢線。

趨勢線就是利用過去的價格連接相對重要的高點或低點，所產生的直線，而這條直線的方向，可用來幫助我們判別股價漲跌。

二、趨勢線類型：

線型隨著時間前進而往上仰的便是上升趨勢線，向下的叫下降趨勢線，各自代表著股價趨勢是漲是跌。另一種則是橫向且與時間軸平行，通常都是在盤整區間，方向尚未確定。

在此時，股價通常都會上漲到某種程度後，遇見壓力，之後反轉向下；而在向下跌了之後，就會遇到支撐，然後再反轉向上。如此反覆來回，隨著時間前進，在高檔有一條線壓著，低檔有一條線支撐，結合起始時間的兩條線，像是一個四方型的箱子一樣，這便是箱型整理區間。

三、趨勢線重要性：

看到這裡有發覺一件事嗎？其實股價的上升與下降，即使不用*趨線勢*，單看 K 線圖也能知道股價是向上漲的*趨勢*，還是向下跌的*趨勢*。這樣的說法並沒錯，但只靠單看 K 線圖，無法知道*趨勢*何時要改變。

一支正常的股票不會永遠都是漲的，也不會永遠都是跌。風向的轉變才是我們要抓的重點，懂得如何「趨漲避跌」，才能在股市以價差賺取利潤。

趨勢線畫法：

趨勢線就是讓我們知道波段的壓力與支撐。什麼是壓力，什麼是支撐呢？最簡單的說法，相對高點就是壓力，相對低點即是支撐。因此，畫*趨勢線*的時候，需要先找出波段的相對高點及低點。

一、上升趨勢線：

當股價持續上揚，走上升*趨勢*，因此，我們要抓的點位是支撐。支撐即是相對低點，找出在整個波段中，兩個相對低的點位，並連成一條線。

其中要注意的是，前面的相對低點與後面相對低點連接時，中間不可穿過任何的價位，且後面低點要連接整個上升波段中，最高點之前的低點。否則，連接出來的趨勢線，極有可能根本已經轉向了，誤判的機率會非常高。

圖 2-9　上升趨勢線的繪製方法

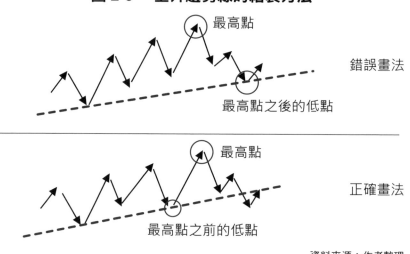

最高點

錯誤畫法

最高點之後的低點

最高點

正確畫法

最高點之前的低點

資料來源：作者整理

圖 2-10　下降趨勢線的繪製方法

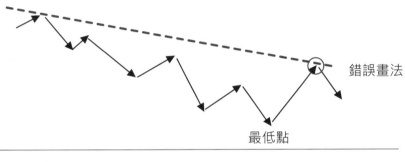

錯誤畫法

最低點

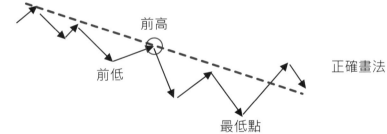

前高

前低

正確畫法

最低點

資料來源：作者整理

二、下降趨勢線：

當股價持續下跌，走下降趨勢時，這時我們該注意是何時止跌，何時是買進的時機。所以我們要抓的點位是壓力。壓力即是相對高點，我們要在整個下降波段中，找出二個相對高的價位，並連成一條線。

而下降趨勢線需要注意到是前高與後高的中間不可穿過任何價位。原因與前述相同，當我們畫錯位置時，其實極有可能趨勢早已變化，而畫出來的線，只是讓我們做出錯誤的判斷。

三、整理區間：

整理區間的線型是一種通道的表現。上檔有壓，下面有撐；壓力持續性地漲不上去，支撐也是在一段時間內無法跌破。畫出上檔壓力跟下檔支撐且與時間軸平行的二條線，即可判斷為橫向整理的區間

跟上升及下降趨線的畫法相同，在壓力及支撐這二條線的中間，不可有任何價位穿過，避免早已突破或是跌破變換型態而產生誤判。

四、上升下降通道：

整理區間是一種通道的表現，上面是壓力，下面是支撐。那麼如果將上升趨勢線跟下降趨勢線，也一樣再加一條線呢？

壓力及支撐一定會隨著趨勢慢慢改變，不是跟著上升趨勢逐步墊高，就是跟著下降趨勢降低，只有這樣趨勢線才會是正確的。

如圖 2-11 所示，即使是在上升趨勢中，也會有壓力所在。
而在上升趨勢中，除了了解支撐在哪裡，會不會跌破後轉向之
外，畫出上檔壓力線的最大好處，是可以讓我們判斷出上升趨勢
線的角度變化。

以圖中上升趨勢為例，可以很明顯看到，一段上升中沒有跌
破支撐，持續上漲，但中間有一段突破了壓力，上升趨勢的角度
上揚。但上去之後，後面的價格沒有站穩前高就轉向了。

圖 2-11　趨勢線有助判斷方向的轉折

資料來源：XQ 全球贏家（嘉實資訊）

趨勢線的重要性：

股票是漲、跌還是橫向整理，都是一種趨勢，但趨勢沒有永
遠不變的，而趨勢線的重要性，就是知道股價走向的轉折點。

當一檔股票的價格過高時，就會產生相對賣壓；而當股價偏
低時，便會有支撐買盤。趨勢線除了讓我們了解到股市的趨勢，

也能讓我們更能理解到，股價的壓力與支撐所在。

　　當一個走在上升趨勢的股票跌破了該有的支撐點時，可以搭配其他指標，判斷該股票的趨勢是否將轉向下跌；當一個在下降趨勢中的股票，突破了原有的壓力區，也可以判斷出股票是否將上漲。

一、上升趨勢中支撐跌破：

　　在一段上升趨勢中，支撐總是會跟著趨勢逐步墊高。而在股價摔落了支撐線後，通常會有三種後市產生。

1. **區間整理：**

   這是最常見的一種型態。代表股市上漲了一個波段，該休息了，讓後面的人追上，前面拉抬的人也可先得以喘息，整理一段時間後，待突破整理區間表態。

2. **反轉向下：**

   大多數正常的股票幾乎都可以發現主力出貨的跡象，這時可以配合價量關係確認。務必要確保量價關係是否有背離現象，如果出現不正常的量價關係，後市最好還是先空手觀望。

3. **支撐換位：**

   支撐換位是指股價雖然跌破原上升趨勢線，但在短暫回檔之後，股價仍持續上揚，因此趨勢不變，變的是趨勢線。此時我們可以在跌破的位置再重新畫一條趨勢線，

或是將原本趨勢線的後高改為跌破的位置。但無論是哪一個，其實都可以發現新上升趨勢線的支撐位置都差不多。

二、下降趨勢線中壓力突破：

和上升趨勢線相反，在一個下降的趨勢中，我們要了解的是何時止跌。當一檔股票持續下跌，它上檔的賣壓價位也會跟著向下改變愈來愈低。而當壓力低到某種程度被突破了之後，趨勢也會跟著改變。

1. **區間整理：**

下降趨勢後的區間整理通常會有一段蠻長的時間，並且會伴隨著非常低迷的成交量。這時候如果不是主力在吃貨，就是已變成冷門股乏人問津。我們所能做的只能等待突破區間，並確認帶量上攻時再買進。

2. **反轉向上：**

這種機會不大，但並非完全沒有。會發生 V 型反轉的情況，通常都是股價發生嚴重超跌，且利空出盡後，有重大利多配合。最明顯的例子便是 2020 年初的疫情，疫情發生後大多數個股嚴重下跌，但下跌的原因並非公司營運有問題，而是大多數人於疫情發生後，對未來不明的擔憂，因此嚴重超跌。而後台灣疫情控制得當，加上美國無限量化寬鬆，造成資金過剩，一舉進場買股，將股市從 9,000 點以下，短時間內便推向 13,000 點。

3. **支撐換位：**

在下降**趨勢**中，這種情況蠻常發生。股價要漲，就像前面章節所說，「三軍未動，糧草先行」。即使突破了壓力區，下降**趨勢**還是很難像上升**趨勢**那樣反著看，最主要的原因即是成交量。一般來說，當成交量大於前 5 個 K 線的其中一個最大量，可視為有效突破。因此在下降**趨勢**中，即使突破了壓力區，很有可能只是短暫反彈後又換個壓力區持續下降。

在投資市場上，**趨勢**是極為重要的一環，跟著**趨勢**做、跟著**趨勢**走，才能確保獲利空間足夠。股票低買高賣大家都知道，但是破底之後還有底，過高之後一山還有一山高。我們並非是操控股價的主力，無法了解低接之後，股價還要多久才會**翻轉**。與其一直**攤平**，變成越攤越貧，倒不如讓別人探底摸頭，我們只要跟著**趨勢**，確保本身的獲利就好。

時間周期──齒輪理論微結構

雖然現在是充滿網路及智慧型手機的時代，用手機看時間比手錶還要方便又準確，但是佈滿了齒輪的機械錶，還是很迷人的。秒針帶著分針跑，分針帶著時針跑，在秒針接近 60 秒時，我們可以知道分針也即將往前一格。在分針跑滿了一圈之後，時針也會剛好定位在他的下一個定位點。

K 線也是，在前面介紹 K 線時有提過，常看的 K 線圖一般都是日 K 線，但其實不只日 K，常用的 K 線還有週 K、月 K。甚至要做極短線或當沖時，我們也會用到小時 K 或 5 分 K。不論是日 K 還是週 K，每一種 K 線都是息息相關。

　　什麼是齒輪理論？簡單來說，當許許多多的齒輪咬合在一起時，就算齒形不合，或是轉動的方向不一樣，磨合久了，早晚會被最有力的齒輪帶往同一個方向，且齒形經過磨損後，也會被最堅硬的那顆強迫成形。

　　在投資市場中也是一樣，只要市場上的轉動決定好了方向，不需要去管哪一顆齒輪現在是往哪邊轉動，或是齒輪與齒輪間的咬合有問題，它們最終都會轉向同一個方向。

　　所以，當我們決定好要買進哪一檔股票時，投資時市場上的小波動，其實可以不用那麼在意，只要標的是正確的，它終究會往它該走的方向過去。

　　前面有提到 K 線的組成是在「一段時間內」的「成交價格」。而這段時間的定義雖然是由我們所決定，但起始時間還是有一定的規範，為免大家產生認知上的錯誤。我們先解決各個不同時間 K 線的定義，然後再解釋關聯性及需要注意的地方。

圖 2-11　時間周期齒輪形象簡圖

資料來源：作者整理

不同時間 K 線的定義：

　　任何 K 線一定都有開始與結束的時間，不論中間價格怎麼起伏，起始時間都有規律，每根連續 K 線的條件都必須一樣。

　　一、月 K：

　　月 K 顧名思義是以「月」為周期，每個月份第一個開盤日的第一筆成交價，便是開盤價；而收盤價即是當月最後一個交易日的最後一筆成交價。不論當月是幾號開盤，都一定是以第一個開盤日當計算點；也不管當月是幾號收盤，當月的最後一個交日易的最後一筆成交價，便會當月 K 線的收盤價。

假設 8 月 1 日為星期六，星期六、日股市休市，星期一的 08／03 為八月的第一個開盤日，而 08／31 因為中秋連假休市，且前兩天 08／29、08／30 為星期六、日，8 月只到 08／28，股市就會到 9 月會再開盤。那麼 8 月 K 線就是從 08／03 到 08／28，而不是要計算滿 30 天或 22 天。

二、週 K：

週 K 與月 K 的計算方式相同，是以當週為計算，而不是以天數，不論當週是星期幾開盤，星期幾收盤，都是只計算星期一到星期五中間的走勢。因此，即使當週因假日或其他因素只開盤一天，那麼該週 K 便會與當日日 K 的走勢一模一樣。

三、日 K：

日 K 是我們常用的 K 線圖，每日的開盤到收盤，有開盤就有，休市就沒有。

四、小時 K：

60 分 K、5 分 K、3 分 K 或 1 分 K 的計算方式都一樣。它們都是以「當日」開盤「當下的時間」去算。

聽起來好像很複雜，但實際上並沒有那麼難。我們先以股市來看，台灣股票市場都是早上 9 點開盤，那麼不論是 1 分、5 分或是小時 K，都是從 9 點開始計算，每隔 1 分、5 分或是 1 小時，就是下一支 K 線的出現的時候，直到收盤。

可是以小時 K 來看，台股收盤是在 13:30，最後只有半小時，不到一小時。這時，不論幾點幾分收盤，「收盤」就是收盤

了。最後一支小時 K 就只計算了最後這一階段的半小時。下一支 K 線就是隔日再開始計算了。

這樣如果還是不太清楚，我們可以從台灣的期貨市場來舉例。台灣的期貨開盤時間是 08:45，08:45 時會出現第一根 K 線，因此小時 K 的下一根出現時間便是 09:45，5 分 K 的下一根出現時間會在 09:50，直到當日收盤結束。

時間周期連貫性：

了解各個不同時間的 K 線後，在此將所有的 K 線連貫起來。

想像一下，當我們以月 K 做技術分析股票是偏中長多，然後翻回日 K 線圖看時卻是短線回檔，這時我們要買進還是出場？

或者，當我們以月 K 線判斷該檔股票為長空，但日 K 在極短線卻是強勁地向上拉抬，這時該跟著判斷短多而買進嗎？

也有可能是在日 K 破底後，我們回到月 K 看目前還是無法確定底部是否成型，這時我們該承接嗎？

再一次強調，股市永遠都是有漲有跌，即使是某一支股票在一個星期內連續上漲，以小時 K 或 5 分 K 來看，它還是會有回檔的時候，若以月 K 跟日 K 來判斷當然也是如此。反之亦然，連續下跌時，將時間細分下去，還是會有反彈的時候。但是，不論中間如何漲跌，它終究要走到它該去的位置，這一點是不會變

的。

　　股票投資通常會分長期、中期與短期。長期就是現在很流行的存股，買著、放著，等著每年領股利，再繼續放著；中期通常則是將股價價差及股息計算進去，且並非只進不出，來回操作賺取獲利也是一個重點；短期不用說，主要是以股票價差為主，低買高賣來獲取利潤。

　　各種不同的投資者，但看的 K 線都是一樣。預期心態在投資市場上是每個人都會有的弱點，但我們可以在齒輪理論中，以實際的數據來突破心理上的缺陷。

月 K 與日 K 的中長期戰法：

　　圖 2-12 為統一（1216）2018 年的月 K 線及日 K 線。

　　在圖中我們可以很明確看到，統一這檔股票的中長期（月K）為長多格局，一開始便連續三、四個月的月 K 線均收在五日均線以上，直到出現了槌子的反向型態。在確認完月 K 後，我們回到日 K。同樣的時間區間，日 K 總可以看到起起伏伏，當中跌破月線就不用說了，更有跌破季線的時候，這個時候，我們該買進還是賣出呢？

　　我相信有很多的投資朋友如果只用日 K 看盤，被甩出去的機會很大，因這時日 K 已經跌破了許多支撐，但如果是用日 K 搭配月 K 看盤，可以判斷此為該股票的中長期多頭，日 K 即使拉回跌破了支撐，還是有非常大的機會反彈向上，這時反而是買點。

圖 2-12　統一日 K 呈現空頭，
月 K 呈現多頭，要以何者為重？

統一日 K 線

統一月 K 線

資料來源：XQ 全球贏家（嘉實資訊）

日 K 與 5 分 K 看買進時機：

　　圖 2-13 為南亞科（2408）10 月初的 K 線圖，圖中我們可以看到日 K 在 10／05 突破季線後拉回，但沒跌破季線，此有可能為轉多訊號。此時我們空手，且由 9 月底到突破季線也漲了好幾天，究竟能不能買？

　　但如果轉到 5 分 K 去看，在 10／07 開盤，第一支 K 的成交量即突破 5 均量，之後的第二支 K 拉長紅且爆大量，這時或許不是最佳買進時機，但能確定股票要漲了。即使在隔天的開盤股票回跌，卻也還沒跌過我們買進的價格，更不用說是停損點。

　　記住，所有齒輪終究會轉向它該走的方向，不論是大齒輪或是小齒輪，都是緊密結合。月 K、日 K 及分 K，掌握住各個齒輪的關聯，便能掌握買點及賣點，確認股票要走多還是偏空。

圖 2-13 南亞科日 K、5 分 K 同現上漲訊號，買點呈現？

2020 年 10 月 5 日，南亞科日 K 顯示站上 5 日均量

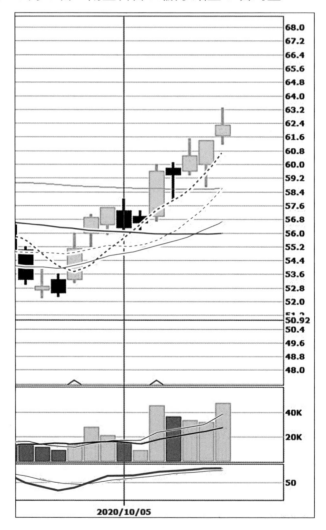

2020 年 10 月 7 日，南亞科第 2 根 5 分 K 長紅又爆量

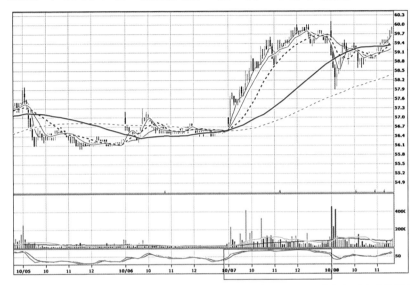

資料來源：XQ 全球贏家（嘉實資訊）

第三章

透過 28 均線（股市事業線）建構股市事業

有沒有一套投資系統可以同時操作當沖、波段及存股？

有！28 均線系統可以同時滿足上述三種操作形態的要求。所謂 28 均線是指 28MA（28 個 5 分 K 計算的均線）、28 日及 28 月 3 種平均線。分別搭配 5 分 K、日 K 及週 K，處理當沖、波段及存股的投資需求。

你可能會問，學那麼多做什麼？不能存股就好嗎？這也沒有錯，但如果你是資金不多的年輕投資者，不妨多加考慮。因為大多數年輕人資金不足，如果按照一般存股方法，因為開始資金太低，要經過非常久時間，才能累積足夠財富。

而年輕人的另外一個優勢是可以承擔風險，因此初期，可以利用當沖、波動等周期較短的方法操作，快速累積資金。賺了錢，一部分轉移到存股這類平穩的投資方法。不過就算是存股，你還是必須高出低進，可用週 K 線搭配 28 週平均線。

我長期運用這套系統操作，也利用歷史資料進行回測，勝率在 8 成以上，投報率每月可達 50%。以下說明這套系統的源起及操作方法。

28均線的研究開發源起 —— 史上最強作手 傑西·李佛摩操盤術

傑西·李佛摩（Jesse Livermore）是美國股票交易者，他被認為是股市波段多空雙向交易操作的先驅，並且是暢銷書《股票作手回憶錄》主角。他曾經是世界上最富有的人之一，李佛摩的一些重要交易，例如在 1906 年舊金山地震前和 1929 年經濟大蕭條華爾街崩潰前做空的交易，都具有傳奇色彩，使他成為有史以來最偉大的交易員。

李佛摩操盤術要點與流程

1. **由上而下操作法**：買股票先看大盤是否為多頭。

2. **找出主流類股**：從市場最活躍的類股中找出 3~5 個主流類股。

3. **選出強勢股**：在主流類股中選出最強勢的股票，若前一步驟選出三個主流股，則選出三檔強勢股。

4. **協力車操作法**：每選出一個強勢股之後，找出該類股族群的指標股或第二強勢的股票互相印證走勢，通常都會高度連動同步上漲與回檔。例如選出台積電，則可搭配聯電一起觀察驗證走勢。

5. **每日記錄股價等待關鍵點**：此時不要馬上進場，應每天詳細耐心記錄股價，等待出現關鍵點再進場。

6. **耐心等待關鍵點試單**：要把資金視為有限的子彈，等待標的進入預設進場條件範圍再出手。

傑西・李佛摩年表

1877 年出生於美國麻州

15 歲時在投資商行當價格記錄員，那年賺了第一個 1,000 美元

22 歲離開投資商行，開始自己操作

25 歲時遇上一位老年高手，在高手的指點下，開始學習順應趨勢操作

29 歲做空賺進 25 萬美元

31 歲聽信一位朋友對棉花分析，違背了趨勢交易，虧了幾百萬美元，此後負債上百萬美元

39 歲時東山再起賺了 300 萬美元

41 歲時賺了 500 萬美元

47 歲操作小麥獲利 300 萬美元

48 歲時擁有 2,500 萬美元，並僱傭 60 人為他工作

52 歲（1929 年）遇上美國股市崩盤，放空賺了上億美元，被《時代》雜誌評論為「最活躍的美國股市投機客」，被大眾喻為史上最強操盤手

資料來源：作者整理

7. **確認走勢後建倉與加碼**：進場之後，不可一次買滿，應該分批測試加碼。

8. **汰弱換強**：當股票在一段期間內沒有出現應有的走勢，立即出場換其他的強勢股操作。

9. **注重知識、耐心與資金管理**：知識，是世界上一切高價值經濟活動的核心要素。耐心則與知識相輔相成，有了足夠的知識，才能判斷哪裡是好的進場點。

10. **停損原則**：在風險與機會並存的股市，保留好資金與學習交易知識同樣重要，當手上出現套牢的股票時，代表判斷模式出了問題，當虧損達到總投入資金的 10% 時，應立即出場停損，暫停交易，找出問題點與解決方法。

28 均線是透過電腦數據回測的最佳指標

筆者深究李佛摩的操盤技術與交易心法，透過現代電腦科學技術，用台股 40 年的歷史數據，從各種指標與參數回測，最後終於發現 28 均線指標是最穩定的方法。因為均線代表市場中某一段時間的平均成本，價格走勢紀錄產生 K 線，多根 K 線則形成均線，是因為它是所有趨勢產生的基礎。股市中趨勢為什麼能夠維持一段時間，正是因為市場的趨勢推動力，例如：在多頭趨勢之中，因為市場所有平均成本是漸漸升高的，導致多頭趨勢可以延續一段時間。然而，空頭趨勢，市場所有平均成本是越來越低的，所以空頭趨勢可以延續一段時間。

股市 VS .股勢

股無常勢，就好像水一樣，走勢高高低低，強度時大時小。正因形勢不同但有其規律架構，所以可因形勢變化發生的微小特徵，加以系統模組建立操作方法，進而取得勝利先機。

股市之核心—形與勢

股市之形—如同股價在 K 線圖上呈現有高與低，從股價位階高低運行辨識進出場的時機。

股市之勢—如同股價運行中與轉折可判強與弱，從股價運行漲跌力道，辨識加減碼的時機。

以下是使用 28 均線系統搭配強勢股操作的策略回測結果（2019 年），測試模式是主流類股強勢股在股價相對低檔區帶量站上 28 均線買進，股價相對高檔區出現漲勢末期反轉訊號出場。

由圖表中可以發現，平均勝率可達到 80％以上，每次報酬率約在 10％~15％。因為它訊號明確，操作性高，適合一般大眾運用。

表 3-1　高勝率策略

□	商品名稱	總交易次數	勝率	獲利次數	虧損次數	總報酬率	平均報酬率	最大獲利率	最大虧損率
高勝率策略 2019/01/02~2019/12/31									
□	三聯 (5493.TW)	26	85.62%	22	4	432.02%	16.62%	21.60%	-3.40%
□	捷迅 (2642.TW)	20	95.00%	19	1	389.53%	19.48%	21.49%	-3.21%
□	華廣 (4737.TW)	18	83.33%	15	3	966.90%	20.38%	28.29%	-4.78%
□	立益 (1443.TW)	28	71.43%	20	8	344.76%	12.31%	25.62%	-9.18%
□	彰銀 (2801.TW)	19	84.21%	16	3	311.95%	16.42%	20.22%	-0.65%
□	南染 (1410.TW)	19	100.00%	19	0	308.98%	16.26%	20.61%	--
□	名軒 (1442.TW)	16	93.75%	15	1	303.53%	18.97%	21.92%	-3.01%
□	皇翔 (2545.TW)	16	93.75%	15	1	291.08%	18.19%	20.44%	-2.29%
□	昇貿 (3305.TW)	18	83.33%	15	3	286.14%	15.90%	20.77%	-3.33%
□	歐格 (3002.TW)	16	87.50%	14	2	262.73%	16.42%	22.84%	-3.27%
□	全國 (9937.TW)	27	92.59%	25	2	250.25%	9.27%	15.72%	-3.11%
□	高林 (2906.TW)	24	66.67%	16	8	246.58%	10.27%	20.42%	-3.45%

資料來源：作者整理

　　下表是運用這種方法鎖定單一股票操作，2019 年一共出現了 26 次的交易機會，其中獲利次數達 22 次，勝率達到 84.6％。全年總報酬率為 432％。平均每次報酬率為 16.6％。

表 3-2　鎖股操作範例—三聯（5493）

高勝率策略 - 個股範例 5493

三聯(5493.TW)

總交易次數	26	勝率%	84.62%
獲利次數	22	虧損次數	4
總報酬率%	432.02%	平均報酬率%	16.62%
最大獲利率%	21.60%	最大虧損率%	-3.40%
最大連續獲利次數	14	最大連續虧損次數	2
最大連續獲利率%	282.51%	最大連續虧損率%	-6.45%
最大區間獲利率%	432.02%	最大區間虧損率%	-6.45%

資料來源：作者整理

28 均線帶我前往股市成功之路

利用 28 均線，讓筆者在投資上取得不同的成功，以下是幾個例子。

圖 3-3　2014 年參加聚財網犀利股神獲得第五名成績，季報酬率 50％（網址：https://www.wearn.com/amazing/s1302.asp）

資料來源：作者整理

圖 3-4　參加聚財網 2020 年犀利股神，一個月報酬率 48%

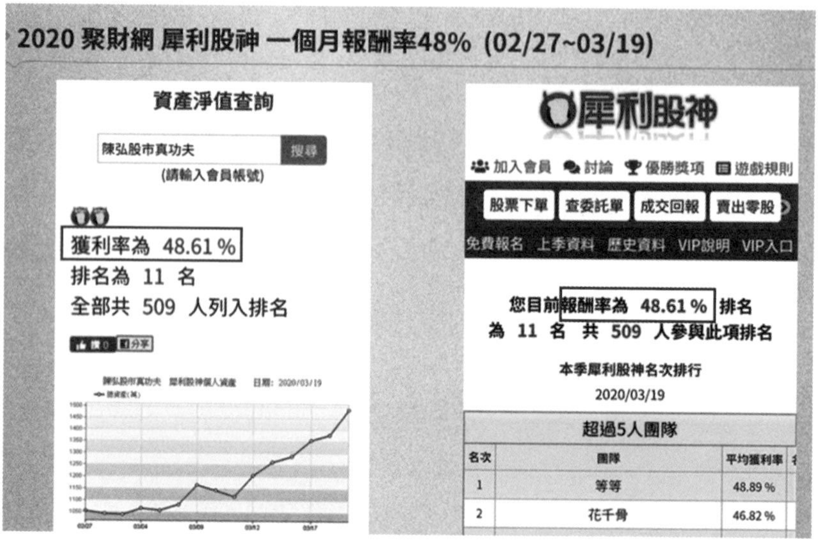

資料來源：作者整理

《今周刊》1243 期股價預測準確度 9 成以上

作者在《今周刊》1243 期（2020／10／14 出刊）提出的看好名單共 11 檔，追蹤到 2020／10／31，如預期上漲有 10 檔，預測準確度達 90.9%，其中有數檔飆股出現，其中陸海（5603）在兩個禮拜之中漲幅達到 50%，申豐（6582）的漲幅更是高達 60%。

難能可貴的是在這段期間，大盤由 10／14 日的 12,927 點跌到 10／30 日的 12,546 點，下跌了 380 點。許多先前的主流股都

出現了 20%~30%的跌勢。

表 3-5　於《今周刊》1243 期提出的看好名單

	漲跌幅	是否上漲
康那香（9919）	7%	v
東科（5225）	15%	v
圓剛（2417）	-2%	x
達能（3686）	11%	v
金麗科（3228）	14%	v
友威科（3580）	14%	v
科嘉（5215）	13%	v
申豐（6582）	60%	v
菁英（2331）	10%	v
陽程（3498）	16%	v
陸海（5603）	50%	v
平均漲跌幅度	17.63%	
預測準確度	90.9%	

資料來源：作者整理

28 均線的特性、功能與使用方法

28 均線的運作是透過所有市場都普遍遵循的供需法則。

需求定律：價格越高，需求量越少（買者不想以較高的價格購買）；價格越低，需求量就越高（買者希望以低價購買）。

供給定律：物品的價格越高，供應量就越高（賣方想以更高

的價格出售）；價格越低，供給量就越低（賣方不想以較低的價格來供應）。

　　因此市場機制會透過價格上升以找到賣家 ，然後下降以找到買家。具備良好**趨勢**的 28 均線總是上下起伏波動，它是威力強的**趨勢**預判工具，具有以下三種特性：

1. 代表市場主力成本

　　主力，顧名思義就是「主要的力量」他們是市場上製造波動的推手，行情由他們決定，代表聰明的資金，只要辨識主力的方向，順勢操作就可以得心應手。

2. 代表未來一段時間可能的方向

　　如果價格自相對低檔由下往上突破 28 均線，則未來一段時間上漲機率較大。相反的，若價格自相對高檔區由上往下跌破 28 均線，則代表未來一段時間下跌機率較大。

3. 中級穩定趨勢指標

　　多頭之中走勢通常都是上漲，小幅回檔，再度上漲。李佛摩曾說：不需要理會小的波動，只要把握大的**趨勢**就可以了。所以 28 均線可以幫助我們避開過程中的次級**趨勢**，把握大方向。

　　由於 28 均線的方向傳達著有關市場主力價格重要訊息，上升的 28 均線代表總體價格在上漲。下降的 28 平均線代表總體價格在下降。所以它可衍生以下三種功能：

1. 定位初升段

　　當走勢經歷一段時間的空頭走勢或長期盤整走勢之後，價格

首次由下往上突破 28 均線，可視為起漲的初升段，後面還有主升段、末升段等多頭趨勢架構。

2. 預測未來方向

正因為透過 28 均線，當價格從相對低檔往上突破時定位為初升段，後續有高機率會走多頭上漲走勢，可以規劃做多。相反的，當價格從相對高檔往下跌破時，代表後續有高機率會走盤整或下跌，可以預先規劃停利或轉移到其他標的。

3. 規劃買賣進出場決策

28 均線的方向傳達大量有關價格的重要信息，上升的 28 均線表明價格總體上在上漲，並且將會持續一段時間，所以可以找買點進場。

使用方法

以波段來說，28 日均線，屬於中期均線的技術範疇，代表這支股票大部分投資者在 28 天的平均成本。28 日均線是中期走勢的多空分界線，若 K 線在 28 均線之上可視為是多頭。相反的，當 K 線落在 28 均線之下則是空頭。有量能配合的訊號是較為可靠的，而沒有量能配合的訊號可靠性較弱。

當股價在相對低檔或長期低迷時，突然往上穿越 28 均線，是典型的中期趨勢轉向多頭的訊號，當下與之後出現的回檔低點，是好的試單與加碼機會。此時操作概念應該選定主流族群與強勢股，集中 3~5 檔標的，以便在大盤多頭時期獲得勝率較高的

圖 3-6　股價走勢與 28 均線的買賣點

速記口訣：股價要起飛，先看 28K

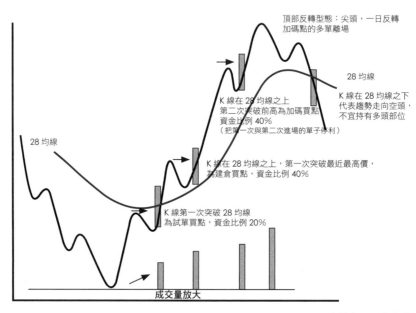

頂部反轉型態：尖頭，一日反轉
加碼點的多單離場

28 均線

K 線在 28 均線之下
代表趨勢走向空頭，
不宜持有多頭部位

K 線在 28 均線之上
第二次突破前高為加碼買點
資金比例 40%
（把第一次與第二次進場的單子停利）

28 均線

K 線在 28 均線之上，第一次突破最近最高價，
為建倉買點，資金比例 40%

K 線第一次突破 28 均線
為試單買點，資金比例 20%

成交量放大

資料來源：作者整理

上漲利潤。當行情經過一段時間多方趨勢上漲後，市場的量能就會開始縮減，當股價在相對高檔區跌破 28 均線，是股價多方中期行情結束的信號，當下與之後的高點可停利出場，把資金轉投其他主流強勢標的。

低檔反轉時，如何應用 28 均線？

谷線：

在股價走空一段時間，相對低檔區出現 長黑→小紅→長紅的三根 K 線。

第一根 K 線通常為長黑，第二根 K 線最高點與最低點是三根 K 線之中最低，第三根 K 線高於第一根與第二根 K 線，形成像是山谷一般的型態，故名為谷線。

圖 3-7　低檔區出現谷線，上漲機會大

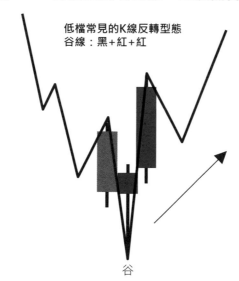

低檔常見的K線反轉型態
谷線：黑+紅+紅

谷

圖 3-8 在相對低檔區，K 線往上突破 28 均線，形成谷線 （圓圈處）低檔反轉

資料來源：XQ 全球贏家（嘉實資訊）

峰線：

在股價走多一段時間，相對高檔區出現長紅→小黑→長黑的三根 K 線。

第一根 K 線通常為長紅，第二根 K 線最高點與最低點是三根 K 線之中最高，第三根 K 線最低點低於第一根與第二根 K 線，形成像是山峰一般的型態，故名為峰線。

圖 3-9　高檔區出現峰線，下跌機率大

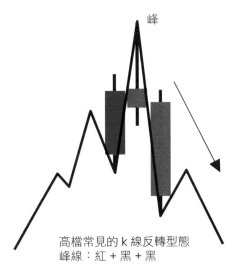

高檔常見的 k 線反轉型態
峰線：紅＋黑＋黑

資料來源：作者整理

圖 3-10　在相對高檔區，Ｋ線
形成峰線（圓圈處）高檔反轉

資料來源：XQ 全球贏家（嘉實資訊）

利用趨勢線輔助判斷

當價格走了一段空方下跌走勢之後，當價格向上突破 28 均線，再搭配突破下降趨勢線，（如圖圓圈處）通常會出現一段多方上漲走勢。

圖 3-11　低檔區突破下降趨勢線

資料來源：XQ 全球贏家（嘉實資訊）

當價格走了一段多方上漲走勢之後，當價格向下跌破 28 均線，再搭配跌破上漲趨勢線（如圖圓圈處），通常會出現一段空方下跌走勢。

圖 3-12　高檔區跌破上升趨勢線

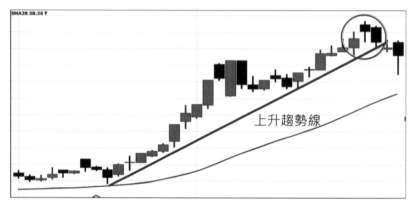

資料來源：XQ 全球贏家（嘉實資訊）

用 28 均線掌握飆股

第一步：確定大盤在 28 日均線之上

第二步：列出在 28 日均線的類股

第三步：找出強勢股

強勢股中的強勢股叫飆股，飆股通常是主流類股，並且產品有趨勢，而且基本面佳或具備轉機題材。如何找強勢股？可到 yahoo！股市漲幅排行榜搜尋（網址：https://tw.stock.yahoo.com/d/i/rank.php?t=up&e=tse）。

圖 3-13　yahoo！股市漲幅排行榜

	yahoo! 股市	搜尋				搜尋			
首頁　投資組合　**當日行情**　大盤　類股　期權　國際金融　新聞　選股　基金　銀行服務　影音									
Q 搜尋台股美股代號/名稱　　　　　　≡ 台股代號查詢　　　距離美股開盤還有5小時44分鐘　更新									
法人進出　成交比重　資券餘額　熱門排行									

資料日期：109/11/17 14：00　　　　　　**上市漲幅排行**　　　　　　上櫃漲幅排行

名次	股票代號/名稱	成交價	漲跌	漲跌幅	最高	最低	價差	成交張數	成交值(億)
1	2406 國碩	22.55	▲2.05	+10.00%	22.55	19.90	2.65	10,941	2.4020
2	1414 東和	17.05	▲1.55	+10.00%	17.05	15.55	1.50	5,951	0.9821
3	6131 鈞泰	5.30	▲0.48	+9.96%	5.30	4.34	0.96	787	0.0361
4	2331 精英	19.40	▲1.75	+9.92%	19.40	17.65	1.75	16,079	3.0423
5	3686 達能	18.90	▲1.70	+9.88%	18.90	16.70	2.20	6,588	1.2183
6	3622 洋華	24.50	▲2.20	+9.87%	24.50	22.60	1.90	2,185	0.5279
7	1471 首利	6.13	▲0.55	+9.86%	6.13	6.13	0.00	545	0.0334
8	4916 事欣科	23.40	▲2.10	+9.86%	23.40	22.80	0.60	1,360	0.3168
9	2028 威致	15.30	▲1.35	+9.68%	15.30	14.50	0.80	7,551	1.1476
10	2486 一銓	15.65	△1.35	+9.44%	15.70	14.55	1.15	47,170	7.3543
11	3383 新世紀	3.82	△0.27	+7.61%	3.90	3.62	0.28	81	0.0031
12	6451 訊芯-KY	117.50	△8.00	+7.31%	120.00	109.50	10.50	7,569	8.8689
13	8046 南電	144.00	△9.50	+7.06%	147.00	135.00	12.00	36,875	52.3761
14	6541 泰福-KY	42.25	△2.55	+6.42%	42.60	40.00	2.60	870	0.3606
15	1213 大飲	8.85	△0.53	+6.37%	8.85	8.35	0.50	15	0.0013
16	6443 元晶	33.60	△2.00	+6.33%	34.50	30.55	3.95	25,828	8.5893
17	6674 鋐寶科技	30.25	△1.80	+6.33%	30.25	28.35	1.90	59	0.0172
18	4976 佳凌	54.20	△3.20	+6.27%	54.90	49.70	5.20	17,024	8.9419

　　主流類股可透過觀察股票代號前兩碼得知，例如圖中的
1414 東和 與 1471 首利，前兩個代碼都是「14」，而 14 代表紡
織類股。接下來觀察同一類股中兩個強勢股，選出走勢較強的那
檔股票，搭配股價站上 28 日均線，小量試單進場。

圖 3-14　28 均線多方趨勢買點

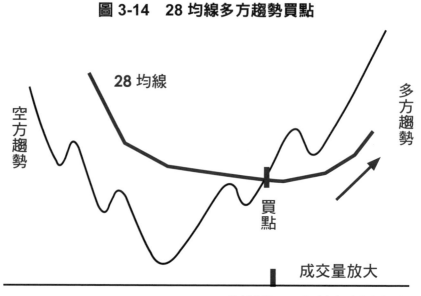

資料來源：XQ 全球贏家（嘉實資訊）

魚鉤理論與28 均線

李佛摩熱愛釣魚，他常從釣魚之中領悟出許多投資的道理。

其實在股市中要成功獲利，就好像是在釣魚，想要有好的收穫，第一步要學習釣魚的基礎知識，再來要買好釣具與相關裝備，知道自己要釣哪一種魚？ 大魚還是小魚，河魚還是海魚，每一種魚所在的環境跟喜歡吃的魚餌都不一樣。再來要開始熟練自己的釣魚技術，有了一定水準之後就可以開始，由淺到深，從小到大。

在股市，魚竿就是你的裝備，例如看盤設備、看盤軟體、輔助交易決策工具等等。魚鉤則是代表進場的關鍵點，放下與拉起都需要知識、耐心、經驗、技巧與時機的掌握，魚餌就是用來試單與加碼的資金。

魚鉤理論的操盤 SOP：

1. 先看大盤是否在 28MA 之上，大盤在 28MA 之上才有較多強勢股，個股在 28MA 之上多頭行情才走得穩（釣魚要先看水域環境，漲潮或退潮）。

2. 找出主流族群（找好釣場，準備開釣）。

3. 選出強勢股（放好釣竿，裝好魚餌下好魚鉤，定位觀察等待）

4. 初始關鍵點 A（下頁圖 3-15）進場試單（輕輕拉起魚竿看看反應，時機要素在此最為重要）。

5. 關注有無轉弱，若順利則會到達中繼關鍵點 B（代表出現魚群）。

6. 若到達停利點，先將前兩筆獲利出場，若再出現救援關鍵點 C，再度進場，最後強勢股有時會出現創新高關鍵點 A1，通常代表多方力道轉為強，可再度試單進場。

7. 注意事項：10%停損原則，汰弱換強原則。

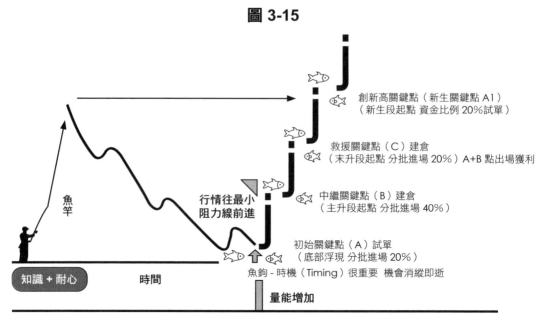

図 3-15

創新高關鍵點（新生關鍵點 A1）
（新生段起點 資金比例 20％試單）

救援關鍵點（C）建倉
（末升段起點 分批進場 20％）A＋B 點出場獲利

中繼關鍵點（B）建倉
（主升段起點 分批進場 40％）

初始關鍵點（A）試單
（底部浮現 分批進場 20％）

魚鉤 - 時機（Timing）很重要 機會消縱即逝

量能增加

行情往最小
阻力線前進

魚竿

知識 ＋ 耐心　　　時間

資料來源：作者整理

低檔突破 28 均線，通常由空轉多

　　透過筆者歷史數據回測，當股價由相對低檔往上突破 28 均線時，通常都在出現關鍵點的前後，也就是波段多方走勢的初期。

圖 3-16　多頭趨勢用 28 均線找買賣點

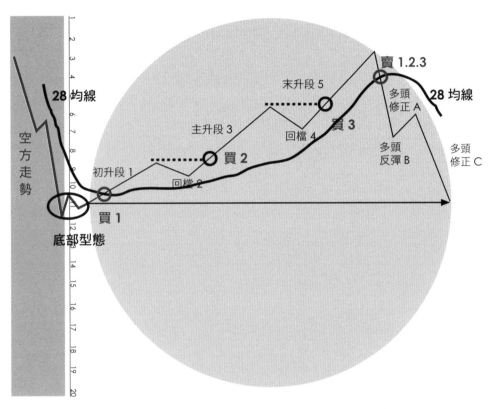

買 1：買點 1：k 線向上突破 28 均線
買 2：買點 2：k 線向上突破前波高點，為主升段買點
買 3：買點 3：k 線向上突破前波高點，為末升段買點
賣 1、2、3：賣出停利

資料來源：作者整理

第四章
投資心法

　　談起交易，我們常常想到的是：大公司之間的金錢往來、大筆大筆資金的來往，可這些太過高遠，以致讓我們覺得自己無法完成「交易」。

　　但其實交易非常簡單，也非常純粹，是我們從小習以為常的事。

　　交易，最早是從以物易物開始，最後為了有固定的衡量標準，才有了「金錢」，以做為工具。

　　「交易」在我們生活中幾乎可以說天天都在發生。比如：早起經過早餐店，順手買了三明治當早餐，那一刻，我們即完成了交易。可見交易並非遙不可及。只是我們交易的產品是什麼，我們經常從事這個品項的交易嗎？這才是我們該問自己的？

　　明明「交易」是我們每天都會做的事，當場景轉移至股市的時候，卻時常瞻前顧後、畏首畏尾，甚至連踏入的勇氣都沒有。

　　我們為什麼懼怕股市交易，覺得自己一定會失敗呢？

　　其實就是我們不熟悉股市這個市場，不熟悉交易手法，不熟悉遊戲規則罷了。

胡適曾經說過：「要怎麼收穫，先那麼栽。」想必各位都曾耳聞這句話。既然想收穫財富，那麼首先就必須「播種」。無論選擇哪些投資工具、理財項目，首先對於「財」，即所謂的金錢，一定要具備正確的觀念。

　　我想澄清一個概念：金錢是工具，不是目的。工具本身沒有「邪惡」、「不邪惡」的分別。工具的好壞端看使用者如何使用。請大家不要想著「錢」即等於「萬惡之源」，這樣的觀念只會讓各位停滯不前，怨聲載道世界的不公。

　　錢只是工具，不是目的！錢只是工具，不是目的！錢只是工具，不是目的！

　　重要的事情，請允許寫三遍。

圖 4-1　為何股市如此難？

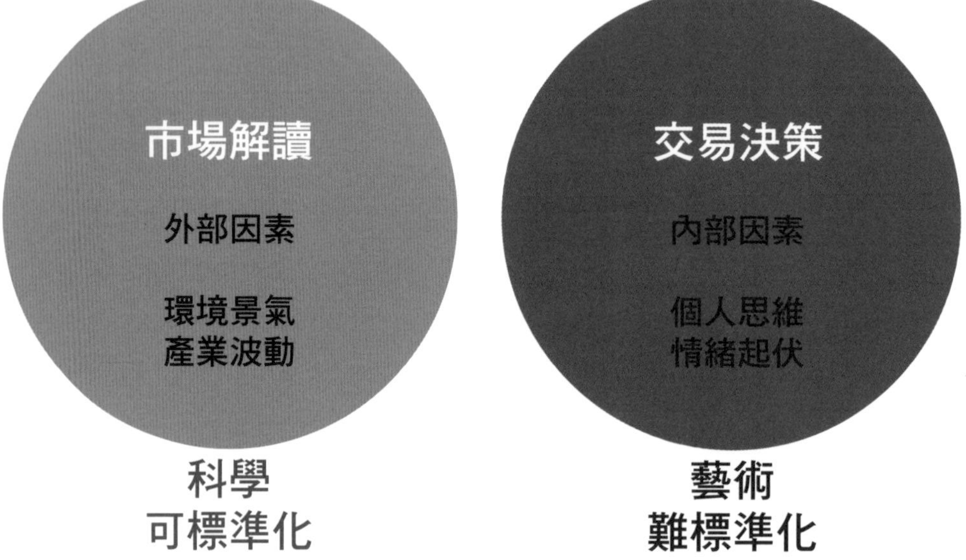

市場解讀

外部因素

環境景氣
產業波動

科學
可標準化

交易決策

內部因素

個人思維
情緒起伏

藝術
難標準化

資料來源：作者整理

人是將帥，錢是小兵

認識「錢的本質」以後，我們就要想想「如何栽」、「怎麼栽」這件事情了。

誠如前述，要收獲財富，必須付出一定程度的「耕耘」。這些耕耘必須從最基礎的認知開始，否則一切都是枉然。

沒有一個人會希望自己在功成名就的時候，身邊連個貼心人說說話都沒有。錢之於人，猶如小兵之於將帥。我們最終還是得認知到，人生並非由金錢掌握，而是人生掌握金錢。否則被綁架度過一個月、一年、一輩子，根本毫無意義，只是為了追求戶頭裡面字數的上漲，而非人生實質上的幸福，是極其大的謬誤。

所以，我們必須要明白：我們的人生不能只有金錢。

金錢是我們在人生戰場上，幫助我們一次次過關斬將的「工具」，它最終不該也不能主導我們的人生。此刻，可能又有朋友想要說：我覺得金錢就是我人生的目的，有錢就讓我很開心！那我反問：各位想要的、渴望的，究竟是金錢本身，還是金錢能夠換來的天堂般生活呢？坐擁金山銀山固然可喜，但我們最終真正羨慕的，還是金山銀山能換來的，那些快樂的生活。

哪怕退一萬步來說，如果僅有一點點小積蓄，足夠度過老年，擁有充裕的金錢，至少能讓孩子們少擔憂，老年照護問題也比較容易找到解決方案。

說到家庭，此刻又不得不向各位提到「社會地位繼承」的問

題。大部分的家庭，孩子們多半承接父母親的社會階級，這已經是不爭的事實，也是最可怕的階級移轉。但也並非全無翻身的機會，至少，我們可以擁有知識、販售知識、實踐知識。擁有知識，是最快速、便捷的翻身之道。

　　為何這樣說呢？首先，販賣知識本身市場就並非紅海市場（指已存在的、市場化程度較高、競爭較激烈的市場），而是藍海市場（指未被發掘出客戶需要，也不存在競爭的市場）。大家不必殺得見血才能夠爭勝負，在販賣知識的路上，可以因為個人風格、魅力、教學方法，而導致差異化。

　　沒有知識，首先就失去了很多機會。

　　談了這麼多，知識和股市交易買賣究竟有什麼關聯呢？

　　知識是累積自己投資本錢的非常好的工具，如果手中沒有可以投資的資金，哪怕想進場大展神通也沒辦法。當然知識不只可以當作「變現」的工具，妥善利用知識，辛勤學習，能夠幫助自己更加了解市場、洞察人心，成功預測風雲莫測的股市。

　　所以，俗語所言「Knowledge is power」，知識是力量，但同樣也代表著權力。販售知識，使自己的社經地位不致太低，也使自己在戰場上能不逞匹夫之勇。但擁有知識這層鎧甲護身，不代表自己一定能在股市中戰無不勝、攻無不克。

　　因為只要是人，就有得意忘形的時候。

　　在戰場中，大多有因為一時大意輕敵，而令自己陣營損傷慘重的事件發生。雖然有最優秀的士兵（金錢）、最精良的武器

（知識），也難免會有馬前失足的狀況發生。哪怕再熟悉股市，雖不用時時提心吊膽，但也不可忘記謹小慎微，畢竟風暴來臨前海面總是格外平靜。

進入投資股票這個領域，我建議各位在投資時應當「從近到遠，從遠到近」。乍看以為我在說廢話，實際上想給出的建議是，希望大家能夠慢慢去了解各種不同的股票。

剛入門盡量挑自己熟悉的領域，比如在科技業工作，能以觀察科技股為優先，之後心有餘力，再去觀察或購買其他類別的股票。而「從遠到近」則是在閱遍各種各樣的股票之後，在茫茫股海之中，找到自己心目中的那一支「Mr.right」。

其實這個方法也不難理解，相信大家小時候考卷遇到不會做的題目，一定先從會寫的下手，再慢慢去想不會寫的題目，至少幫助自己拿下基本分。等到寫遍各種試卷，看過各類題目，一定還是有最熟悉、最擅長的章節。

選股也是如此。

精選五檔，汰弱留強

透過「從近到遠，從遠到近」的戰術，成功獲得自己的「Mr.right」，但找到自己想要追隨一生的股票之後，就一定要買嗎？我們必須打上一個大大的問號，切忌因為一時喜好沖昏了腦袋，直接進場。

檢查一支股票，我們可以先透過 K 線觀察它平日的表現，

刪去不合格的股票後，再透過第二、三章提供的其他指數或方法，去辨識股票的優劣。最後從成千上萬個候選人中，找出 5 檔表現最優異的股票。

為什麼是 5 檔呢？選 10 檔不好嗎？我認為，選擇 10 檔進行投資當然沒問題，但前提是你的資金能否讓利益極大化？能否分配出觀察這些股票的時間？一個人的資金有限、時間也有限的情況下，一定要盡量合理分配。

如果你買了 10 檔，每個占比很少，哪怕投資報酬率很高，乘以本金獲利依舊不怎麼樣。這還是好的情況，如果 10 檔裡剛好有 1 支賠了，又特別多，你敢肯定到時候能立刻停損；哪怕及時停損這支股票，你也能花費一樣的心力在其他 9 檔上嗎？

既然做不到，效益也不好，何必勉強自己。

但如果選太少，也無法降低風險，因此才認為選 5 檔是較為恰當的選項。

學習如何買股是無止境的事，但一件事無止境，不代表沒有捷徑。分析每檔股的優劣有方法，買股票如何成功獲得財富其實也有方法。

如果我們對市場、對股票有足夠的了解，經年累月之下，必然能發現一些規律，善用這些規律，或把握這些規律帶來的機會，那麼必定是條捷徑無疑。

以金融海嘯為例，因為經濟狀況不明朗，眾人紛紛賣出股票，股市瞬間慘淡，但這時候如果能買進一些較為優質的股票，

待經濟復甦之時，那必然是有賺無虧的。

很不幸的是，如今因為新冠肺炎疫情，全球再度經歷一樣的狀況；但同時很幸運的是，機會再次到來了。當然，市場的歷史性不是每次我們想要，它就會出現的，但只要發現規律，且機會到來時，能緊緊掌握，那麼自然能少辛苦幾年，盡早體驗幸福人生。

你怎麼想並不重要，重要的是股票走向

股票價格的走向是由市場決定的，我們只是眾多決定因素的其中之一。當你以為這檔股今天會跌停，於是你一氣之下將它全數賣光，結果隔天來個大反轉，漲停。此刻你心中懊悔不已，為自己昨日的衝動流下滿是「好吧，當作學經驗」的淚水。

也有可能因為今日漲停，於是一時之間理智斷線，買了幾

買股票真的有明牌嗎？

在股市之中，大家都想要知道會上漲股票（明牌）的資訊，但請靜心想想，哪一次是聽消息大賺的？ 報明牌的人幾乎都不講求它的真實性，聽明牌的人也很少去探索真假，更少人去追蹤自己曾經聽過明牌的結果，他們只會跟著最新的明牌走，如果明牌有效，那是最好，如果造成損失，就期待下一個明牌會更好。但天底之下真的有白吃的午餐嗎？ 如果有？ 會天天免費供應嗎？

張，結果過沒幾天一路跌停，這時候，叫天天不應，叫地地不靈。

其實，股票的走向（即上行、下走、橫盤）的重要在於，客觀地提供你一個現實狀況，讓你選擇如何處理，用自己建構而成的交易系統去解決這些難題。你怎麼想之所以不重要，是因為事實尚未發生，先給了一個假設，但忘記了這個假設可能容易讓我們失落，花時間在消耗本可以避免的情緒。而針對股票價格的變化，先準備好應對進退之策，讓利益極大化，這才是重要的。

股市之中只有兩種人，賺錢的人與賠錢的人

股市之中雖有不同種類的投資人，但以結果而論，其實只有兩種人：賺錢的人與賠錢的人。

這相當直觀、也相當傷人。

在股市交易之中賺錢或賠錢，一定都有其原因，很少是無緣無故賺錢或賠錢，就算有，大部分也只是自己的不自知，或是受上天眷顧。

賺錢的人要嘛慧眼識英雄，眼光精準，練就一眼相中優良股票的身手，選中的股票投資報酬率都特別好；要嘛就是投入的本金多，哪怕投資報酬率很少，獲得的自然也不是小數字。

幾家歡樂自然幾家愁，有賺錢的肯定也有賠錢的。

相較於賺錢的原因，賠錢就複雜很多。有可能是因為分析出

圖 4-2　優秀投資人應有的心理素質：空杯心態、
　　　求知若渴、永不放棄、持續檢討

交易者成長階段危機與處理

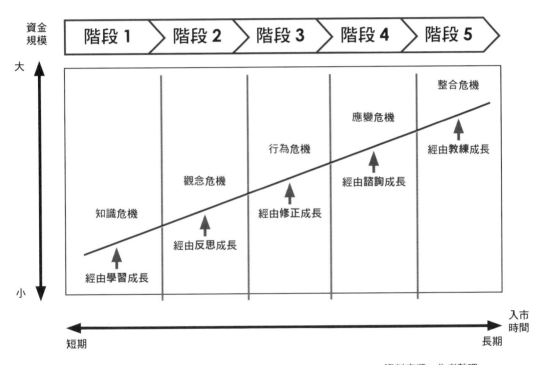

資料來源：作者整理

錯，導致股票比例分配錯誤；有可能操作失誤，一不小心買進太多；更有可能一時大意，於是導致賠錢收場。

當然，只要一直留著股票，通常都能等到回本的那天，但問題是，自己有持股這麼久的機會與選擇嗎？而這家公司也一定不會倒閉嗎？這又是另一項難題。

如果自認為無法忍受「放長線釣大魚」的話，也可以考慮短期交易。因為短期比長期更能預估，但風險自然也就更高。也因為風險更高，於是利潤也較多，相對的成功機會就更為渺茫，對股票的了解必須更深入，分析技巧的熟練度自然也就更高了。

哪怕再優秀的投資人，難免也有投資失利的時候。

股神巴菲特曾於 2008 年，宣布在金融風暴當中，自己證券投資部分損失 136 億美元，並明確表示自己在過去一年的投資中，損失超過了整體投資的 30%。

巴菲特的老師班傑明·格雷厄姆（Benjamin Graham）在 1929 年股市泡沫破滅後，在 1931 年逆勢抄底，結果破產。

以上這些頂尖投資人，自以為正確的投資而傾家蕩產，我們還能不努力學習投資理財，並貫徹始終自己的理財方法嗎？但一直鑽研投資技術，而缺乏實際的演練也是不佳的。太過拘泥於技術，很有可能使自己陷入「一定得這樣投資」的堅持當中。

雖然我們需要建立起自己的投資系統、投資理念沒錯，但萬物都講求兩個字「平衡」，水能載舟，亦能覆舟。一心追求「完美的投資」只會陷入自我質疑的迴圈當中。我們不可能每筆交易

都滿載而歸，哪怕經過重重分析，也一定有選錯檔股票的時候。

這麼說，有些朋友可能會大失所望，想著自己學習這麼多也沒什麼用處。我想說，試圖去構建一個完美的交易系統本身沒有錯，學習本身就應當學以致用，否則追尋不到意義，確實是令人容易灰心。但也不可以因為幾次失敗去否定自己，股票若價格不跌，也就沒有漲的機會，有伏才有起。

在投資的過程中，除了修煉自己的技術，也應當修行自己的心。

將自己當作一個空杯，盡力修煉自己，修正心態，不斷檢討與改進，才能使自己更上一層樓。

做好每天的投資筆記

雖然我們時常會提醒自己不要再犯錯，但真正的「不貳過」太難避免。因此，如何讓自己不一而再，再而三犯錯，建議各位應該有個時刻提醒自己的方法——投資筆記。

這份筆記可以記錄自己從各處學習到的投資知識，同時也可以寫下自己的想法和心得，觀察股市走向的紀錄。可能會有人不能理解，覺得做這件事不但很浪費時間，也很沒有意義，用腦袋記住不就好了嗎？但我認為，書寫下有紀錄作證，是非常重要的。

我們的腦袋每天都會淘汰掉非常多無用的資訊，但對於有用

無用，我們是無法決定以及分類的，所以每天記錄就是一個不錯的做法。如果久久能大統整一次，統籌自己犯下的種種錯誤，並找出錯誤的相同點，進行分類彙整，說不定還能找出自己最容易犯錯的類型。

這種做法，更像是蒐集大量的數據，針對自己的交易行為進行分析。而進行整理也可能因此找到相似的錯誤，幫助自己跳出犯相同錯誤的迴圈。人很容易在相同處犯錯，只是能不能覺察出這些錯誤，並記得改正。唯有書寫下來成為記錄，回來翻找時，讓自己成為「旁觀者」才能釐清思緒。「發現」錯誤是非常難的，就必須仰賴自己每天寫的投資筆記。

記錄這些資訊，需要定力，每天面對著外界資訊的五光十色，必須要適時忍耐慾望，確切執行並具體改正的錯誤。唯有身體力行，才能讓自己不再陷入恐慌。建立自己理財的每日筆記，有益於往後的投資真正落實「空杯心態」：求知若渴、永不放棄、持續檢討。

而投資時間越長，在市場上修煉越久，功力（技術及心態）自然也會提升。

投資人的功力等級可粗略區分為以下五種：

第五級：最高的級別，頂尖操盤手，能預測與規劃走勢，面對各種變化都能快速因應。

第四級：專職投資人，投資收益超過本業收入，投資績效優於大盤數倍，成功利用被動收入建立美好生活。

第三級：業餘投資人，能運用所學，一邊從事本職工作，也一邊投資與精進相關能力。

第二級：有判斷能力的分析者，能判斷趨勢做好長期投資。

第一級：好學的積極者，具備正確投資觀念並積極學習投資知識。

只要潛心學習，每個人都有機會將等級往上提升。畢竟每個人天生就都會交易，只是在交易過程中收益好或不好。收益也反映了我們的學習狀況。若能一步一步改正自己錯誤的投資行為，大家也能在投資事業上擁有自己的一片天！

大盤長期易漲難跌的原因

看到這個小標題，可能有些朋友不太知道什麼叫做「大盤」。

簡單而言，就是台灣股市的整體表現，也叫「加權指數」，而我們常常會在理財節目中聽到「今天大盤上漲幾點」，是什麼意思呢？

如果今日大盤是上漲，代表今日大部分股票是上漲的（肯定也有下跌的個股），只是平均下來大盤整體呈現上漲；反之如果大盤下跌，就代表今日台灣股票整體狀況不佳。

所以大盤簡易來說，就是股市的整體概況。

這麼說也不太準確，因為還要考慮市值較大的公司的影響

圖 4-3 交易者的自我修煉層級

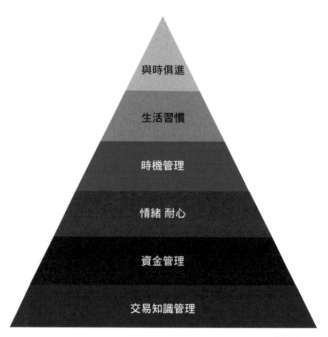

與時俱進

生活習慣

時機管理

情緒 耐心

資金管理

交易知識管理

資料來源：作者整理

力，這也是為什麼「大盤」又被稱為「加權指數」。我們可以回想一下自己有沒有過平均分數比別人高，但因為某些科目的權重比較多（例如：國文加權乘 3，歷史才乘 1 而已），最後成績就會輸給別人。

在股市當中，市值（股價×總股數）較高的公司會有較大比例的占額，當這些市值高的公司出現比較劇烈的漲幅或跌幅時，也容易影響「加權指數」的走勢。

當公司個股股價上漲，總股數不變時，公司股票市值會變大；當股市中大多數股票上漲、市值增加時，進而帶動加權指數上漲。

以近 15 年的統計資料來看，我們可以發現當大盤上漲時，市場大約有 62.85％的股票會漲；反之大盤下跌時，則有 67.25％的股票會跌。

那麼到底是什麼使得大盤易漲難跌呢？

大部分國家的大盤，除非遇到特殊情況（嚴重天災、人為災害），以長期來看，皆呈現上漲趨勢。若想知道影響台灣大盤最多的類股，投資人可以選擇關注總成交量占比最高的電子股和金融股。由「類股成交金額漲跌幅及市值」數據可得知，電子股和金融股長期盤據成交量之冠軍以及亞軍。而電子股成交量占比常高達 6 或 7 成，是相當具有指標性的類股。

若觀察證交所「產業別股票交易」統計資料（以 2019 年 8 月為例）可發現，半導體業類股交易占比（成交股數）為

15.96％，電子零組件業類股交易占比約為 15.91％，光電業類股也超過 16％，由此可看出電子股交易占比之高。

而台灣電子大廠的收入來源多為國際級公司（如蘋果、華為等），因此可以美股的「那斯達克指數」（Nasdaq Composite Index）（以科技公司為主）為參考依據，所以許多台股投資人在開盤前，都會先觀察美股收盤結果。

面對套牢虧損要懂的斷捨離

多數人進入股票市場，一開始都是先賺些小錢，而放下戒心開始大量投資，抱著明天都不知道會不會漲的股票。最好的是狀況是，買進的隔天就大漲賣出，但不幸賠錢的人卻更多。

不曉得各位有投資過股票的朋友們，有沒有被「套牢」過呢？

所謂的「套牢」，是指進行股票交易時所遭遇的交易風險。

通常會發生在以下情況，投資者「預設」股價將上漲，於是買進股票，不料股價卻一直呈下跌趨勢，這種現象稱為「多頭套牢」。

還有另一種現象，稱為「空頭套牢」，剛好和上述情況相反，指的是投資者「預設」股價即將下跌，於是將所借股票放空賣出，沒想到股價卻一直上漲。

但大部分人應該都是被「多頭套牢」，然後股票放得越來越

久，本來想說總有一天會回本，但沒想到越放越薄，這時候還要忽略「通貨膨脹」帶來的「購買力降低」，只能說非常心痛。

當套牢時，通常不是買進其他股票分攤損失，就是冒著風險持續低價買入同檔股票分攤損失，又或者快刀斬亂麻，直接停損。這些行為沒有對錯之分，只是如果面對套牢虧損的情況，自己的財務狀況又不佳，我在這裡誠心建議各位：直接停損賣出，不要猶豫了！

家裡長期堆置無用的物品時，我們都會定期大掃除，和這些東西「斷捨離」，讓空間被釋放，看著家裡變得較為整潔，自己的心情也會比較好。而這樣的觀念，也可以放在套牢多年的股票上，要不斷評估手上股票的價值，看手上是讓你賺錢的股票，還是賠錢的股票？如果是賺錢的股票，再配合與其他強勢股，讓它們幫你加快創造收益的速度。如果是賠錢的股票，則要早早離場，換成能夠替你賺錢的股票。

我認識的一位阿姨，在公所上班多年，當時股市剛開始，一時熱血買進很多股票，她也確實賺了一些錢。可惜，好景不常，後來持有的股票表現每況愈下，至今已慘不忍睹。

每次談論股票，她都會說起自己被套牢，想要出場，但又抱著「不賣就總有天能夠翻身」的鴕鳥心態，日日期待自己總有一天能夠成功解套。

其實與其被套牢折磨得不見天日，長痛不如短痛，即刻處理掉那些股票，不要再去計較自己究竟「賠」了多少，應該要慶幸

至少還能將它們「變現」，這樣無罣礙反而能讓自己更安心。

變現後也能進行新一輪的投資，去買入市場中更有發展性的股票，重新讓自己獲得收益。

永遠沒有因為價格太高而不該買的股票，也不存在因為價格太低而不該賣的股票。價格高低本身與未來股價是否會繼續上漲或下跌並無關聯。與其關心價格高低，不如耐心等待關鍵點出現，一旦出現就必須當機立斷，不可猶豫。

套牢與虧損不是在股市中最悲慘的事，最悲慘的是不知為何套牢虧損。在股市中最可怕的事情莫過於已經套牢賠錢了，還迫不及待想賺回來，這樣通常會讓資金加速見底，直到一滴不剩。

花若盛開，蝴蝶自來；觀念一改，財富就來

財富的到來不僅要靠實質的投資行為，更需要改變自己已經根深柢固的觀念。

前面說明「金錢只是工具不是目的」，接下來，也會談及其他觀念，提供大家參考。

交易如同一場修行，我們必須直面我們的貪婪、恐懼、愚痴、傲慢以及懷疑。意識到這些情緒，不應該一味地壓制，否則可能有反效果。如減肥中常有人採取極端不吃飯、靠挨餓瘦身，這些人大多數都以失敗告終，因為長時間缺乏攝取熱量，當達到目標，他們會開始報復性飲食，最後體重回歸原點，甚至有可能

圖 4-4　解決投資問題的步驟

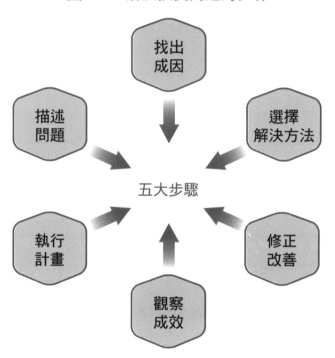

找出
成因

描述
問題

選擇
解決方法

五大步驟

執行
計畫

修正
改善

觀察
成效

資料來源：作者整理

超過！

　　所以，修行並不是壓抑自己，而是想辦法去了解他們，去化解他們，這樣才是正確的做法。

　　在交易過程中，我們常常會努力擬定出一個「完美的交易系統」，這一個交易系統能夠幫助我們應付市場上的千變萬化。可世界上真的能有一個交易系統是絕對「完美的」嗎？

　　連我們自身都有缺點，容易出錯，又怎麼會期待交易系統能夠百分之百完美應付各樣狀況。追求完美，試圖用一個策略將所有行情一網打盡，不僅貪婪，而且很愚痴。

　　另外，要處理好「恐懼」，面對市場不斷變化，到底該怎麼去應對危機，如果沒有解決這個狀況，一直產生恐懼，也就無法在交易中生存下去。還有一種狀況：對自己過度自信，於是產生傲慢的心理，這樣的心態在市場中，也是相當危險的。

　　所以投資，不但要了解市場，更要了解自己。因為自己，才是這條路上最大的敵人。

進場之前就設好停損點，停損就是買保險

　　無論任何人，只要身在股市之中，就必定曾灰頭土臉過。其實，只要持續穩定有收益，也不需要斤斤計較幾次交易中的損失。

　　那麼要怎麼樣交易才能穩賺呢？

　　請先想想：如何才能做到穩地虧損呢？其實答案非常簡單，

就是隨心所欲地交易，發揮「人的本性」，自然就能穩定虧損。那麼不想穩定虧損，就必須不發揮「人的本性」，而是讓自己如同機器一般，保持一定的紀律。

那麼或許可以在進場之前，設好停損點，一旦跌幅超過這個停損點，毫無猶豫地賣出，等待下次適合進場的時機。一旦猶豫，就很容易落入前面提到的「套牢」。所有的資產，最後都變現成為流動的金錢，對於我們而言，才是最便捷的。

若是資金一直長期被股票所綁，無法善用資金，才是最大的損失。這也就是為什麼我會認為：「停損就是買保險。」提早設立停損點，讓自己能夠即時抽身。

有捨才有得，若是一直持有股價不斷下跌的股票，交易心情也會較不佳，處理起其他交易時，也會讓自己漏洞百出。為了免除後續接二連三的慘狀發生，讓自己的心情保持安定，也是交易中很重要的一個環節。

大盤在多頭空頭各時期的特徵

「多頭」，指的是價格大漲時，投資市場會呈現相當熱絡的情況。這個時候，投資人與證券經紀人會擠在狹小的證券交易所中，大家都蓄勢待發、萬頭攢動的模樣，所以稱之為「多頭」。

又或者會說「牛市」，至於會稱其為「牛市」，主要是因為西方古文明中，牛在獵人眼中是相當有價值的獵物。牛肉不僅可以吃，剩餘的骨頭可以製作成工具使用，牛皮也可以製成衣物，

經濟價值非常高。另外，牛角是向上長的，也象徵將股票市場往上頂。

這個時候，投資人如果看好股市，預計股票會漲，那麼他趁低價時買進股票，等漲到一定價位時再賣出，以此賺取價差，而股價保持在上漲的狀況下，就是多頭。

而「空頭」，即是當投資者不看好股市，所有人都認為未來股價會跌，這種市場就被稱為「空頭」或是「熊市」。

熊這種動物，在早期美國拓荒時代時，牛仔們常常會抓其來鬥牛，既然牛在前面代表了多頭，那麼熊相對而言，就代表空頭。另外，也因為熊掌通常往下，所以象徵著把股票市場往下壓。股市不看好時，大家就會戲稱其為「熊市」。

這時候，因為大家對於前景相當不看好，預期未來股價會下跌，於是將手中的股票賣出，等待股票下跌到某個特定價位時，再買進，這樣「先賣出，再買進」的交易方式，就叫「空頭」。

那麼要如何判斷到底市場現在是多頭還是空頭呢？

其實，若目前大盤指數在季線（60 日平均值）之上，並且趨勢呈現往上走的情況時，一般稱為多頭市場。因如果大盤在季線之上時，通常表示一種狀況：近一季買進的人，平均是處於賺錢的狀態，那麼人樂觀的態度容易持續。

相反而言，若此刻大盤指數在季線之下，並且趨勢呈現往下走時，就可稱為空頭市場。因為大盤在季線之下，代表著近一季買進的人，大多是處於賠錢的狀態，那麼悲觀的態度也容易持續

圖 4-5 交易者目標管理的流程

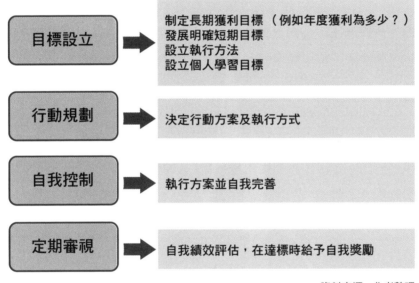

目標設立 → 制定長期獲利目標（例如年度獲利為多少？）
發展明確短期目標
設立執行方法
設立個人學習目標

行動規劃 → 決定行動方案及執行方式

自我控制 → 執行方案並自我完善

定期審視 → 自我績效評估，在達標時給予自我獎勵

資料來源：作者整理

下去。

但很現實的是，究竟多頭或空頭的現象會持續多久，是難以預測的，我們只能透過自己建立的交易系統，決定未來採取的措施是什麼。

人生就是一連串的選擇，股市也是

投資和人生其實沒有太大的差別，就是不斷地判斷及做選擇，然後承擔做選擇背後的結果。其實到最後，各位會發現，比起投資技術，更需要重視的，是自己的心態。在投資時，最大的敵人並不是市場，而是自己。

在面臨市場時，究竟做怎樣的選擇才是正確的？永遠沒有準確的答案，我們只能根據自己的思考和系統，去判斷出最佳的選擇。但正不正確，更多是市場對於我們做出的決定，所反饋回來到我們身上的。

經濟學中，有一假設叫「理性人」。這個假設是指在做經濟決策的主體都是充滿理性的，不會感情用事，而是擅長判斷和計算。在任何經濟活動中，這個理性人唯一追求的目標，就是自身利益最大化。

而經濟學家指出，這些所謂的「理性人」是在經濟社會中從事經濟活動中的「所有人」的基本特徵、一種共性。因為每個人在從事經濟行為時，都是利己的，都試圖以最小經濟代價（成本）獲得最大經濟利益。

所以，我們做的所有決定一定是最好的，當投資失利時，我們不應該譴責自己做出錯誤的決定，更應告訴自己下次要改進，並且成功做到，才不枉費這次的失敗。

　　投資更多時候是和自己的內心競賽，不可一時被欲望沖昏了頭。知道這麼多的技巧與知識後，也要「實踐」。你不需要一開始就很厲害，你需要現在就開始轉動你的投資飛輪，先慢慢求穩後快快致富

圖 4-6：飛輪效應

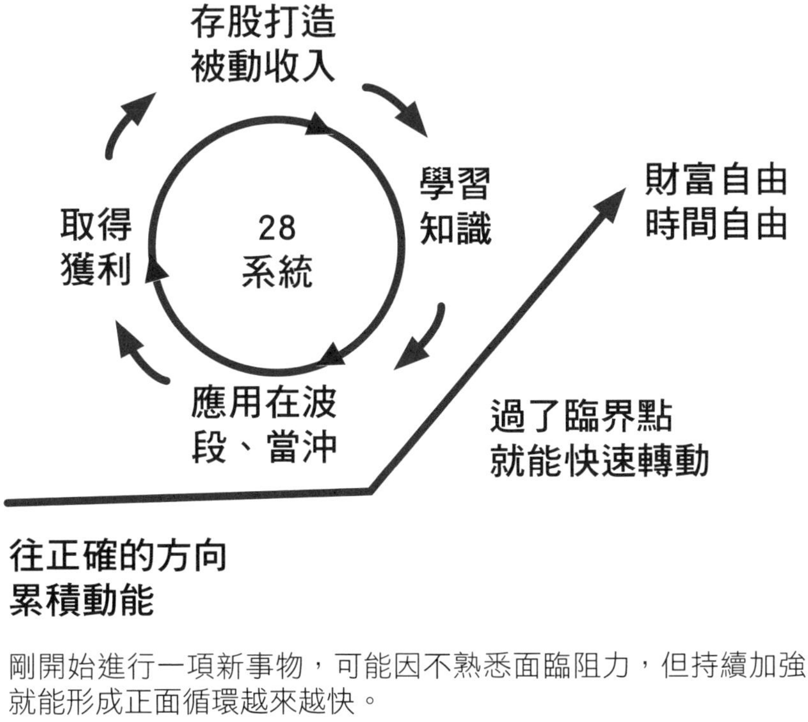

存股打造
被動收入

學習
知識

財富自由
時間自由

取得
獲利

28
系統

過了臨界點
就能快速轉動

應用在波
段、當沖

**往正確的方向
累積動能**

剛開始進行一項新事物，可能因不熟悉面臨阻力，但持續加強，就能形成正面循環越來越快。

陳弘獨家投資心法

- 趨勢的行進與轉向，背後一定有一股強大無法抗拒的力量，只要順應它，跟隨它，時間自然會替你帶來豐厚的收益。

- 放棄次要的趨勢，只要把握主要的大趨勢，並且維持長期 7 成以上的勝率，做好停損管理，財富自然可以隨著時間累積增長。

- 證券的行為是可預測的，因為證券的走勢行為源自於市場上投資人的決策結果，只要人性不變，證券的走勢就可繼續預測。

- 多頭初期，當第一個好的進場點錯過，不要灰心，要持續關注等待第二個進場點，或尋找其他主流強勢股。

- 短線的操作方法分為接回與追高，接回適用在主流強勢股回檔，追高適用在創新高價個股。

- 捨棄對於股票未來單純懷抱希望上漲的想法，擁抱透過資訊收集與專業知識邏輯判斷的結果，前者會讓你住上昂貴的套房，後者會讓你長期穩定獲利。

- 如果你的第一筆操作顯示已經套牢或賠錢，最好的做法是快速離場冷靜思考問題所在，並且補足專業知識，切勿再繼續操作。

- K 線是投資人的好朋友，它告訴你過去與現在所有發生的重要事情，並且預告未來的走向。

- 股價的走向就如同水流一樣，水往低處流，價格也是往阻力最小的方向前進。

- 要分開三個帳戶，當沖帳戶、波段帳戶、存股帳戶。每個帳戶一次不要同時持有超過 5 檔股票，不然將會難以管理。

- 許多人都因為某些理由看好某個股票，千萬不要如此，因為這樣做會讓你陷入無法理性分析的情緒之中。

- 當你股市獲利的同時，記得把一半的利潤提撥出來到存股的帳戶，透過好公司幫你打造長期的被動收益。

- 當你長期觀察每天記錄的股票，某一天慣性改變時，代表有行情要來了。

- 如果有一天，在多頭時期，發生了沒有原因的大跌，不要意外，它就是代表有某種異於尋常的事情發生，要提高警覺。

第五章
交易系統

前面幾個章節教會大家分析方法，也提醒大家必須理解自己，才能建立屬於自己的交易系統，遵守自己定下的規則，持續穩定獲利。每個人在交易進行時，因為個人的社會背景、經濟背景，使得交易個性大不相同，或可能保守，或可能大膽。

交易系統就是一種交易思維，僅是創造者將思維從抽象的理念轉變為確切有規則性的系統模式。這樣的思維其實就是將自己對行情的判斷分析、對價格的總體觀察和時間上的連續性觀察，轉而變成實際在決策中對於三大要素，即交易對象、交易資本和交易投資者的全面分析。

而制定適合自己的交易系統，就是能實現穩定營利的一套規則，若較為嚴謹的話，包含以下三大項：科學的資金管理、有效的分析技術、良好的風險控制。而交易系統又可分為主觀交易系統、客觀交易系統，以及二者相結合的交易系統。交易系統不只是交易員嘔心瀝血之作，如上所述更呈現了交易員本身的交易哲學。

也因此，才會請各位一定要制定適合自己的交易系統，因為交易系統不具有普遍性，也就只有在創造者手上才能發揮其最大

的價值。交易者如果能夠從非系統交易方法，轉而採用系統交易，從根本上來說，就是將完全不確定性的決策，轉變為風險型決策，這是非常大的進步。

在股票市場或期貨市場中，都會談論交易系統，也會有很多專業人士提供自己制定的交易策略和行情播報軟體，又或者是幫助分析行情的輔助工具。但還是建議各位需要有自己的交易邏輯，才能審慎評估，做出對自己最有利的決定。

向各位推薦以下幾個普遍的五個交易系統：趨勢跟隨交易系統（Trending Systems）、反趨勢交易系統（Countertrending Systems）、突破交易系統（Breakout Systems）、價格區間交易系統（Trading Range Systems）以及對沖系統（Hedging Systems）。

各位不妨可以參看以上幾種交易系統，對自己交易的策略有一個粗略的打算。

一、趨勢跟隨交易系統

這是目前最多人使用的主流交易系統，在趨勢成立時進場，結束時出場，掌握大趨勢，適合多數交易者。

二、反趨勢交易系統

透過與現在主要趨勢相反的次級趨勢，例如多頭的回檔段做空，空頭的反彈段做多。難度較高，較不適合初級交易者。

三、突破交易系統

行情近期創新高時做多，創新低時做空。適合對於專業知識

表 5-1　無特定方法

交易系統	操作特色	操作難度	風險承擔	進場	出場	停損
趨勢跟隨交易系統	趨勢成形順勢交易	容易	較小	起漲點買進	止漲點賣出	進場當天低點跌破
反趨勢交易系統	趨勢成形逆勢交易	較高	較大	多頭回檔開始時做空	多頭回檔停止時回補空單	進場當天高點漲過
突破交易系統	創新高進場	較易	較小	創近期新高買進	固定百分比停利，例如10%	進場當天低點跌破
價格區間交易系統	固定價格範圍低買高賣	較高	較小	箱型整理區間低點買進	箱型整理區間高點賣出	箱型整理區間低點跌破
對沖交易系統	不同商品反向交易	較高	較大	A商品做多B商品做空	無特定方法	無特定方法

資料來源：作者整理

較深入且價格敏感度較高的交易者。

四、價格區間交易系統

行情箱型整理區間，在低價區買進，高價區賣出，以賺取價差的一種交易方式。適合較有經驗的交易者。

五、對沖交易系統

以避險交易為主，例如股票做多，股票期貨做空。此種方式需較高的專業知識與經驗，大資金交易者常採用的方式。

一套好的交易系統除了要具備進場的試單、建倉、加碼原則，以及出場的停利停損原則之外，也應該具備短線、中線、長線，這三種交易周期的規劃。每個商品的交易投資都有一個最佳的進場點，若是看對方向但太早進場會套牢，太晚了則利潤空間有限，或是進場短期出現獲利不久就套牢。而那個關鍵點就是時機。

世界上沒有百分之百正確的股市交易投資指導原則，只有最適合你自己的交易投資原則。因為每一個人的操作個性、可看盤時間、投資風格、思維觀念邏輯都不一樣，適合別人的不一定適合你；而且世界一直在變，相對於 30 年前，多了期貨、當沖、隔日沖、選擇權等金融商品，加上全球化各國相互影響以及資訊快速傳遞，每一項新增的因素都可能都會影響股市運作架構。

表 5-2　28 均線交易系統操作

	波段	當沖	存股
	運用 28（日）均線	運用 28（5 分 K）均線	運用 28（週）均線
核心思維	低檔買點分批進場 高檔賣點單筆出場 掌握主要趨勢波段	低檔買點單筆買入 高檔賣點單筆出場	低檔買點單筆買入 高檔賣點單筆出場 持有期間享受股息
資金需求	普通	較低	較高
周期長短	1~2 個月有交易 進出機會	每天有交易進出機會	約 1~2 年有交易 進出機會
風險評估	小	較大	小
操作周期	日 K 線	5 分 K 線	週 K 線
進場	低檔上漲突破 28 均線開始 分批試單進場	低檔上漲突破 28 均線開始 單筆試單進場	低檔上漲突破 28 均線開始 單筆試單進場
出場	高檔下跌跌破 28 均線單筆 一次出場	高檔下跌跌破 28 均線單筆 一次出場	高檔下跌跌破 28 均線單筆 一次出場
停損	進場低點跌破停損 或 損失總資金的 10% 暫停，找出原因再 進入市場交易	進場低點跌破停損 或 損失總資金的 10% 暫停，找出原因再 進入市場交易	進場低點跌破停損 或 損失總資金的 10% 暫停，找出原因再 進入市場交易

資料來源：作者整理

交易個性—風險報酬積極／保守

　　既然交易系統是對資金進行科學化的管理，那麼不免要回到各位的身上，去看看自己資金的運用是否正確，會不會對自己造成過大的負擔。關於資金運用的部分，我為各位蒐羅了幾種分配方法：理財 333 原則（1／3 分配在財務自由帳戶、1／3 分配在基本生活費帳戶、1／3 分配在儲蓄帳戶），50／20／30 法則（每個月的必要生活開銷，如：房租、房貸、交通費等，不要超過薪資的一半，並將收入的 20％存起來，剩餘的 30％則是你可以運用的部分）、631 分配法（生活開銷 60％、儲蓄 30％、娛樂或緊急預備金 10％）等。

　　只有合理規劃自己的收入來源，才能累積資金投資。當然，會有人反問，說這些預算根本不夠花。但我想說，因為有了預算上的限制，至少會努力克制慾望，要求自己不能超出太多花費。累積好投資資金，就可以討論如何運用自己的基金。

投資資金—小資／大資

　　如上面所言，交易系統能夠反映出交易的對象、交易的資本和交易者的特徵。因為交易者所能承受的投資風險不同，所能運用的資金不同，也就代表做交易決策判斷時，不得不思考到這些東西。因此，交易系統就會反映出交易資本的風險特徵。

　　其實無論是小資或大資，在投資時因為投資交易對象的價格

變動，在特定時間與空間中和總體長時間運動的規律，是一種偶然和必然的對立統一，於是在投資前承認風險交易對象的價格運動規律能夠被發現時，也必須認清價格必然會出現隨機的擾動。

而因為特定時間變動存在，也就代表著我們建立的系統容易出現判斷錯誤的情形，也就會有交易風險。交易風險可能或實際造成資本上的損失，資本占用的時間長短、來源、投資目的，都對資本的風險造成影響，所以投資除了價格適當，也必須將投資後能否承擔此風險算入，那麼才能有效地保護自己的資本，讓自己持有的資本穩步升值，而不是最後一切都成為一場空。

因為擁有的資金額度不同，為了降低風險，也會建議各位先從風險較低的投資方法下手，比如：小額定存（有勝於無）、債券基金或債券 ETF（風險較低，成長穩定）、外幣存款、差價合約等金融衍生品、小額投資美股、投資黃金等貴金屬等。

如果每次進行的交易額較為龐大時，也可以考慮較高風險的期貨，但在選擇這類商品時，也要明白自己面對怎樣的風險。

既然提到了投資風險，那麼投資時間也必須考慮進去。大致將其分為：短期、中期以及長期，這三個時間段。

以下概略敘述不同時間長度投資的定義，以及投資者的特性。

投資時間—短期／中期／長期

短期投資，指的是持有股票時間在三個月以內。短期投資的交易是相當頻繁的，每次交易都會增加自己的風險，以及被抽手續費、傭金等費用，所以交易成本相當高。短期投資者的個性，也大多較為急躁、喜歡刺激又或者急功近利。但也因為短期投資者的存在，市場的流動性才能如此大幅增加。

如果各位是小額投資，盡量不要從短期下手，否則被扣了手續費，加上股數不夠，其實也很難翻出什麼新花樣。

中期投資，持股的時間在三個月至一年。這群中期投資者，通常將關心的目標著眼於股價的中期波動，試圖尋找時間段內的股價較低點（波谷處），然後看準時機，於較為高點時（波峰處）賣出。因為持有時間較長，也較有機會領到股利（也可以均攤成本），再加上交易頻率較短期投資者少，自然就降低了風險，獲利比起短期投資者來得高，也是相當正常的。

長期投資，指的是持股超過一年以上。這群長期投資者們，在交易進行時，成熟穩重，相當注重風險規避。因為不以短線價差為目的，看中的是長期趨勢，極具耐心的他們會等到大行情來到，謹慎進行基本分析，選擇自己認為的成長股，以低價買進。也因此股市之中，賺大錢者往往是這類人。比起急於享受眼前的成就，他們更相信「放長線釣大魚」。

寫下小賠宣言與投資目標

　　無論如何，都沒有穩賺不賠的投資。既然如此，到底贏家都是如何獲利的呢？其實，真正成功的投資人大多都是依靠「大賺小賠」，來累積屬於自己的財富。

　　該如何定義「大賺小賠」呢？

　　僅僅從字面上來看，「大賺小賠」，就是賺大錢、賠小錢；賺錢大於賠錢，最後的結果是「賺錢」。也就是如果有 20 筆交易，可能你有 12 筆都是賠錢的狀況，但有其中 8 筆的交易都是大賺，這些交易除了能夠彌補前面的損失，甚至還有盈餘，長時間而言，自然會滾出豐厚的利潤。

　　投資人應當如何才能「大賺」呢？首先，不能過度交易，經常性交易會使交易成本增加，此外要跟隨趨勢、順勢交易，當掌握到正確的趨勢方向時，請緊緊抱住持股，直到盤勢轉向，那麼就可以離場，畢竟已經抓住波段機會。

　　而小賠最簡單的原則就是在關鍵時刻停損，這也是為什麼建議各位設立小賠目標。因為只有設定了停損點，在價格觸及到停損點時毫不猶豫出場，才能將損失限縮在「可接受」。此外，也要以平常心面對每次的「小賠」，才能撐到賺錢的那一刻。面臨停損時，常常會天人交戰，常常因為自己的貪念或者不甘心，於是選擇放棄原先設定好的準則。但如果遇到時沒有壯士斷腕的話，很有可能會因為一時的遲疑，而最後陷入被套牢的結果。想當然爾，如果價格繼續下跌，自己越賠越多的話，可能就此將這支股票冷凍，連將其兌現的勇氣也會失去。

時刻檢視，不斷追求進步

我認為，保持穩定的投資心態（在技術、分析之外）對於自己能否有收益，是相當具有影響力的。

人是有情緒的，所以貪心、妄想、偏執和抱怨這些人性弱點，會無時無刻挑戰我們建立的交易底線。一旦開始隨心所欲地交易，在市場中其實就跟無頭蒼蠅沒什麼兩樣了。

對系統保持信心，抽離自己的情緒，不帶任何情感進行交易，才能戰勝交易。如果當我們賠了數次後，交易系統評估出的優良選項再度出現，也不可以因為過往失敗的經驗而退卻。我們必須知道，此時選擇進場並非是好賭，而是因為在系統下，這是一個可投資的商品，是一個符合自己制定條件的品項。

做好資產配置，也是為了讓自己不被情緒左右，買股票並非孤注一擲，一定要做好風險控管，確定自己賠錢也不至於影響基本生活。只有當自己合理分配資產，才能擁有資金乘勝追擊或東山再起。

唯有對交易系統忠誠，才能避免因為人的情緒影響，進而造成低級的錯誤。而唯有此一方法，才能將交易員從綿延不斷的緊張與壓力中釋放，就像是處理問題時，每個人都會有一套 SOP，幫助自己完成當日的工作。

交易系統，就是自己在交易市場上的 SOP

交易員面對價格的不斷更動，以及需要費時費力去面對和了解這些更動背後縱橫複雜的因素，還要面對自己在交易時，情緒上的不確定性。這些種種，實際上都可以建立系統化的手段，將這些複雜性和不確定性加以量化，使得所交易成為有序且直觀的，才能最終達到低風險、高回報。

而我認為，較為完善的交易系統應該具有穩定性、枯燥性以及簡易性。

只有當整體在收益上的表現具有穩定性，才撇除那些會造成自己重大損失的交易。而此處的具備穩定性，是指表現中可以有較大的起，但絕不能出現較大的落，否則就是自己在設定賠率時出現很大的問題。

而枯燥性則是因為本身操作交易時，是鮮少有樂趣可言的，因為交易系統一旦確定其可行後，就每日反覆進行枯燥乏味的交易，不帶入個人情感，因為交易系統就是一套冷冰冰的準則而已。雖然枯燥，但是相當有效。

最後，簡單性，因為將一切交易思維系統化，也就能簡單上手執行，只要自己如實付諸行動，不要將過多的情緒帶入，那麼交易系統就必然簡單而有效。

每一個優秀的股票交易員，一定都經歷過對系統的質疑，發現系統的缺點，卻不進行改正種種狀況。雖然每個人成功的方法不一樣，選擇的投資商品不同，但一定有幾項固定具備的條件。

我認為，對於投資市場來說，具備正確的投資理念、建立交易系統、做好資金和風險管理，以及能夠控制自己的心理，是市場上「贏家」所擁有的特性。如同前面所說，交易系統本身就是交易思維的衍生物，實際上交易思維又怎能和投資理念分離呢？所以具有正確的投資理念，是開發出優秀交易系統的根基。

　　交易系統做為實際執行的準則，是經過自己千錘百鍊、潛心研究，不斷反覆測試出最佳也最適合自己操作的系統。我們往往能夠於古今中外的各種交易活動上，發現一些交易者的缺失。

　　他們成功發明出了優秀的交易系統，確實在資金管理和風險評估上也做得相當不錯，但因為自己的自滿，而選擇開始不遵從系統，對系統不聞不問，以感性的交易方法在市場上走跳，那麼結果自然是大敗而歸。只有反覆實踐系統，遵從系統，才能成功闖過這個難關，讓自己有機會能夠成為交易市場的佼佼者。

交易系統須與風險管理、投資策略緊密結合

　　其實，很多人會放棄交易系統，大致上是因為自己對於交易系統有幾個誤區，以下將講述在這些誤區內，究竟該如何改善自己的想法。

　　首先，因為交易系統的功能和設計初衷，就是為交易員節約時間，並且執行交易系統時，能夠較具備邏輯性。但正也因為整套交易系統對於交易員來說太死板板，不夠具有挑戰性，所以不受交易員的喜歡。比起規律性、系統性的作業，他們更偏好靈活

處理自己的投資行為。但事實上，對於交易員而言，節約時間雖是其達成的功效，但更確切是為了讓自己穩定地獲取利潤。很多交易員都會過度高估自己的獲利能力，於是認為自己不需要額外設計交易系統來限制自己。但實際上，這些人可能是錯將獲取利潤的「經驗」，當作了獲取利潤的「能力」。絕大多數的投資人或者交易員，都一定曾經有過盈利的經驗，但具備這些經驗並不能表示他們具備了盈利的能力。

　　再者，交易系統做為一個預測系統，其重要組成的部分是提供交易員買入和賣出的信號，而這每一個信號必然是對應到了對未來行情的研判。買入的信號大多意味著對於交易系統而言，發現行情的走勢「符合」一個既定的特徵，而這個既定特徵代表著價格上發生了原則性上的突破，這時交易系統會認為可以買進。但假若此時，交易員大舉買入，那麼此次交易行為的風險難以控制。所以交易系統雖然最直接提供給交易員買入和賣出的分析結果，但同時必須和風險管理、投資策略緊密結合。

　　只要在交易行為上缺少了任何一個部分，都有可能讓自己虧損。只有良好的風險管理、投資策略與預測系統彼此之間相輔相成，才可能在信號正確的情況下，擴大盈利；即使信號發生錯誤，也能夠及時止損。

　　有鑑於分析大量數據、統計結果，這些工作如果全數交由人來處理，會花費大量的時日，可能分析出來後，自己就錯過最佳的交易時機，所以建議大家可以使用電腦執行自己的交易系統。

這樣既能將自己的投資理念傳出，又能幫助自己更妥善地執行交易系統，而不會遭受情緒的干擾。

那麼怎樣才能設計出十全十美的交易系統呢？

實際上，在設計交易系統方面，我們常常會覺得分析評估才是最重要的，但卻忘記了風險管理與投資策略的存在。再者，對於製作自己專屬的交易系統，相當考驗製作者的能力，因為製作者必須對目標項目走勢非常了解，個人對於技術分析也較為熟悉，才能進行準確的分析。為了強化系統，製作者必須將非常多的條件進行組合，將自己的分析思路程式化，並且經過一連串實驗調適，才能達到性能的最佳化。

此外，雖然交易系統的利潤總額是最重要的，能夠將利潤最大化的交易系統也確實是優良的系統。但如果一味將利潤總額做為衡量交易系統的好壞，其實是不太公允的。因為事實上，如果將過去能夠獲得最大利潤的系統套用在目前，會發生很多問題。

也許歷史數據的資料來源過於老舊，根本無足做為參考資料，也可能因為某年利潤特別高，於是拉高了平均值，這樣的系統必然會被淘汰。因為參考資料的來源有誤，可同樣被當作數據紀錄，會導致對行情的判定失準，使得我們高估或低估某支股票。再者，因為利潤總額高，於是努力去追捧，勢必要承受巨大的風險，這在風險管理上，是不合格的行為。交易系統應該是安全的、穩定的，讓自己處於不同的狀況下，能夠盡可能收穫最大利益才對，而不是總將自己置身絕境，每次都在搏一次絕處逢生

的機會。

　　因為交易系統較為機械化，對於有些交易員而言，其所提出的判斷在他們眼中，就只能當參考。首先，這個想法不能說錯。因為交易系統大多是盤中給出信號，實際上卻會造成最後的成交價格讓自己不利，又或者發生實際操作下來，利潤卻不如預期的情形。這類信號確實大可以選擇忽略。但更多時候，交易系統與系統的製造者思考更相關。如果系統建立者思維相當靈敏，那麼其實交易系統也未必機械，不過操作過程肯定是枯燥乏味的。

　　很多朋友們可能會說，自己建立了交易系統，也按部就班地執行，可就是沒辦法獲利，這是為什麼？

　　我認為這類問題可以考慮從兩方面著手，一是確認自己的交易有保持連續性，二是自己的交易系統是否出現了錯誤。如果這兩項都不是，那麼就是能夠大賺的投資目標尚未出現，需要耐心等候。

　　那麼，為什麼交易系統不保持連續性，就不容易獲利呢？

　　我認為各位不妨可以這樣思考，如果明明寫數學題目有固定的解題公式，自己卻突發奇想，決定另闢蹊徑，但答題時間有限，就不一定能夠答對題目了。面對交易系統也是一樣，如果沒有每次都落實，那麼就無法達成一定的準確率。

透過 28 均線建立短、中、長線交易系統

圖 5-3　28 均線操作系統解析

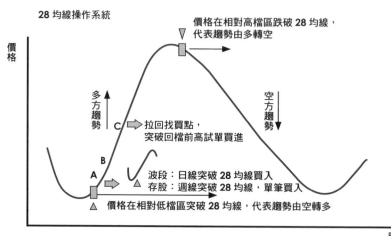

28 均線操作系統

	類別	交易方式	交易周期	交易機會頻率	趨勢時間（約略值，不同商品差異甚大）
A：	波段	日線突破 28 均線買進 日線跌破 28 均線賣出	日線	3~5 週	2~3 週
B：	存股	週線突破 28 均線單筆買進 週線跌破 28 均線單筆賣出	週線	12~18 個月	約 6~9 個月
C：	當沖	5 分 K 突破 28 均線買進 5 分 K 跌破 28 均線賣出	5 分 K	每天	約 8~12 小時

資料來源：作者整理

短期（當沖）：以 5 分 K 28 均線為操作周期

案例解析：

以台指期 2020／11／04 為例

A 點：站上 28 均線成交量放大，可試單進場，隨後展開一
波強勁的走勢，股價一路沿著 28 均線方向揚升。

B 點：價格在相對高檔出現大量，視為多頭危險訊號，調節
減碼，須停利出場。

C 點：跌破上升趨勢線，全數離場。

圖 5-4

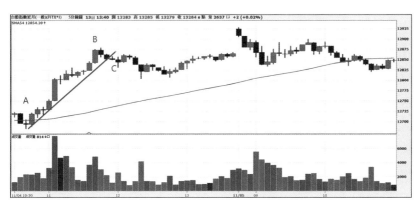

資料來源：XQ 全球贏家（嘉實資訊）

中期（波段）：以日 K 28 均線為操作周期

案例解析：

以圓展為例

A 點：行情長期低迷後首度站上 28 均線，可小量試單。

B 與 C 點：出現進場訊號，代表多方動能增強，注意多頭
　　　　　啟動。

D 點：帶量突破前高 A 點，正式建倉。隨後展開一波強勁
　　　　的走勢，股價一路沿著 28 均線方向揚升。

E 點：經過相當大的漲幅後，在高點出現黑 K 長上影線帶
　　　　大量，視為多頭危險訊號，調節減碼。

F 點：出現空方動能增強，全數離場。

小結：自 07／24 至 08／28 約一個月，照表操課，此檔波段
　　　漲幅達 140％。

圖 5-5

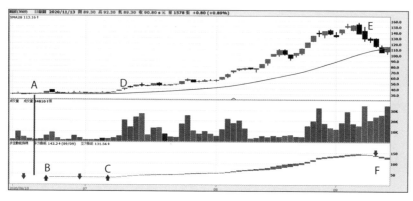

資料來源：XQ 全球贏家 （嘉實資訊）

長期（存股）：以週 K 28 均線為操作周期

案例解析：

以玉山金為例

A 點：行情長期低迷後首度站上週 K28 均線，可單筆進
場，隨後展開一波強勁的走勢，股價一路沿著 28 均
線方向揚升。

B 點：價格在相對高檔出現大量，視為多頭危險訊號，可分
批或單筆停利出場。

C 點：第二次在價格相對高檔出現大量，可分批或單筆停利
出場。

圖 5-6

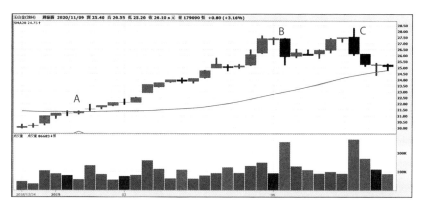

資料來源：XQ 全球贏家 （嘉實資訊）

第六章
事業線 vs. 存股

　　現在準備退休金不像 30 年前那樣簡單。為什麼呢? 因為 30 年前的環境相對封閉與穩定，也沒有太多的投資商品可供選擇，投資的過程中的變數很少，而投資的回報與收益比今日穩定得多，例如民國 70 年定存利率大約有 13%，而民國 109 年定存利率不到 1%。為什麼產生如此大的變化呢? 因為近 20 年來高度全球化，洲際與國家之間的互動往來密切，以及網路資訊快速傳達流通，所以導致有較好利潤的行業都有大批新進入者參與，正所謂僧多粥少，導致薄利時代。展望未來十年，受到後疫情經濟影響以及 AI 人工智慧快速普及可能造成的低雇用時代，更要超前部署做好因應對策。

　　在開始探討存股之前，我們先來了解股票與股市如何運作。首先，在股票市場中按照所投入的時間，一般來說，如果是長期的，稱為「投資」，通常持有 5 年以上;如果是短期的，則稱為交易。要成功在股票市場獲利，第一步就必須了解自己是在做交易或者是投資，當然，這個問題不是二選一，更多的時候是兩者同時進行。

　　以下我來介紹股市的結構與運行方式。

當一個人必須購買或出售公司的一部分時，他是透過股票市場來完成的。如果公司第一次要出售它股票，則要進行公開發行，為公司成長募集資金，而投資人便可以取得相對應的股分而成為股東。隨後，該股東可以根據自己的意願，決定是否要出售自己的股票。

股票的買賣價格由市場供求關係決定。買者確定買入價，賣者確定賣出價。這是操作的方式，兩個參與者都設定了自己的立場。股東總是希望獲得定期的股息收益，或者以更高的價格出售股票。

存股有那些好處？某種程度上，獲得股息就像在銀行存款中獲得利息，也像是買了不動產出租給別人收取租金，它有以下好處：

1. **產生被動收入**

   股票的股息收益可以提供常態可預期的被動收入流，這是吸引許多正在尋找替代收入退休人員的主要原因。

2. **降低投資風險**

   好的存股標的通常比一般股票抗跌，通常它們的風險收益率較低。

3. **對抗通貨膨脹的工具**

   通貨膨脹是股票投資收益的主要敵人。中度的通貨膨脹率就可能會使利潤大大減少。即使獲得 10%的回報，但

3%的通貨膨脹就足以讓你損失 30%的購買力。股息可以彌補這一損失。

4. **股市空頭中的正收益**

即使在空頭走勢中，當股價下跌或持平時，派發股息的公司仍將派發股利。可以幫助抵銷股價下跌帶來的部分損失，在某些情況下，結果甚至是正面的。

5. **兩種獲利方式**

一家公司固定配發股息，往往也會支持其股價上漲，如此一來使投資人可能有兩種獲利方式，那就是價差利潤及股息收入。相反的，如果你投資一家不配息的公司，獲得正收益的唯一方法是透過股價上漲，也就是高賣和低買。

圖 6-1　存股2.0進化版

利用28周均線找好買點，在對的位置，種下未來金錢樹的
種子，存得更快，存的更多。

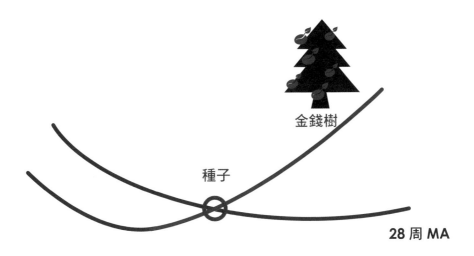

資料來源：作者整理

穩賺不賠的方法

說起投資，大部分人一生致力追求的，大概就是所謂的「穩賺不賠」吧。可能會有很多人好奇，在前面幾章，不是告訴各位投資應該「大賺小賠」？

首先，要定義「穩賺不賠」。

如果各位希望買進的每一檔股票都「穩賺不賠」，雖說並非不能達到之境界，但是要求人人做到，確實是天方夜譚。

無論想要哪一種的穩賺不賠，都應該具備以下幾個條件：具備基本財力、精算會拿多少收益和謹慎選股。

投資人應該具備基本財力，有些大師會建議至少個人戶頭裡面擁有 100 萬，再開始自己的投資計畫。但我認為，因為每個人的狀況不同，例如要求年輕人先存下 100 萬再開始，不僅會因為目標過於遙遠，覺得目標達成率相當低，選擇放棄，因而錯失了投資事業。也可能過分執著於這個數字，於是錯失非常好的進場時機。

個人覺得，與其建議大家擁有固定資產再進入投資領域，不如轉個想法，將擁有固定資產視為擁有固定收入，並且每月能撥出一定比例的資金進行投資。但在這裡，也要提醒各位，應該要存好至少 6 個月的緊急預備金（無論如何絕對不能動用的資金），再開始自己的投資事業。當各位存好緊急預備金的時候，其實已經培養出固定儲蓄的習慣，為自己的生活多了一層保障，

也離投資更進一步。

　　然後，是精算投資時的收益。計算股票的收益不只是單純每年定時領公司發放的股利，或者是自己在股票市場利用差價獲得的利益，更要考慮到繳稅的問題，以及除息後公司是否填息。

　　近幾年來，政府不斷調整投資股利所得稅。投資股利所得採取以下兩個制度，雙軌並行：一個是「合併計稅減除股利可折抵稅額」，另一個則是「單一稅率分開計稅」，可以自行計算，選擇其中一種方法被課稅。

　　合併計稅，就是股利所得與其他所得合併，再進行課稅；而單一稅率分開計稅，就是將股利所得與其他所得分開。

計算公式：

・合併計稅：股利併入綜合所得稅

　　公式：應納稅額＝[（其他所得＋股利所得）×稅率]－累
　　　　　　進差額－（股利所得×8.5％）

　　適用所得稅率 30％以下的人，可以先去財政部查詢最新的所得稅率級距。

　　這種方法，簡單來說就是直接將股利所得也視為個人綜合所得，所以將二者合併，總股息的 8.5％可以抵減稅額，最新限制抵減金額上限為 8 萬元。

· 分開計稅：股利以單一稅率 28％計稅

公式：應納稅額＝（其他所得 × 稅率）－累進差額＋
（股利所得×28％）

此種方法較適用於高所得稅率的人，如果年收太高，稅率超過 28％，那麼這時候寧願選擇分開算，也不要合併記錄，因為可能合併後會被課高達 30％甚至 40％的稅。

所以各位在投資前，也必須將這些算入成本支出，算出自己的實際收益。用兩種公式，算出最符合自己投資效益的稅法。

另外，還須考慮到除息後股價是否有回升到除息前的股價，否則自己雖然領到了股利，卻是拿未來的股價換來的。

最後，就是謹慎選股。

除了同第五章所提到的，各位必須極度留心自己的交易系統、訓練自己的技能（觀察 K 線），選股其實也可以參考兩大指標：本益比與每股盈利（EPS）。

對於初學者而言，獲得公司的這兩項資料是相對簡單的，只要透過新聞或網路文章，就能大概知道選擇投資的公司是不是體質好。

．**本益比的公式為**：每股市價／每股盈利（EPS）
．**EPS** 的公式則是：稅後淨利／流通在外的普通股加權股數

透過這些方式，一層層去篩選出「穩賺不賠」的股票。

但持股其實也必須要綜觀全局，看長不看短。

以 2020 年 3 月為例，當時台股大盤指數經歷股災，暴跌接近 30％，有不少投資人因為難以接受股價暴跌，使得他們迅速離場，將股票轉為現金。沒想到短短 4 個月後，台股不只突破下跌前的位置，甚至一路上升，創下了 30 年的歷史新高。

身為投資人，除了耐得住性子努力之外，還必須擁有獨到的眼光以及恰當的策略。透過股票獲利，要嘛是「存股」，等每年發股利，要嘛就利用波段賺取「價差」，到底該主攻哪個好呢？

若每年股票投資能夠穩定獲得 5％的報酬率，通常是兩種獲利方法。其中一種是投資每年穩定配息的績優股，無論外面風雨如何大，它都能堅強地挺立在股市當中，這種公司股價往往文風不動，投資了一年半載，5％的收益輕鬆收入囊中；另一種是在市場暴跌危機出現時，勇往直前，股票投資、融資期貨全部一起上，短短幾天想獲利 5％也不是難事，畢竟風險愈高，獲利愈多。

圖 6-2　交易個性&交易商品關係圖

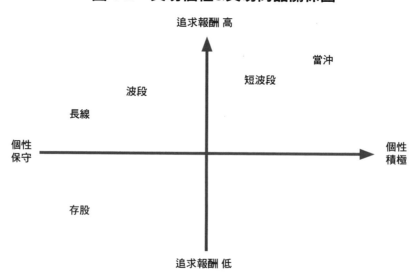

資料來源：作者整理

從以上兩個分類中得知，當評估報酬時，要考量報酬獲取時的風險與時間長度。

　　目前常見的各種投資工具，獲利來源主要分為以下兩種：一為價差報酬（資本利得），二為配息報酬。無論是定存、儲蓄險、期貨、選擇權、證券、黃金、虛擬貨幣、股票等，其實都是從這二種方式獲取收益。

　　只是有些項目單從價差獲取報酬，有些單從配息獲取報酬，而有些二者兼備。

　　比如新台幣定存與儲蓄險都是以利息；期貨、選擇權、權證、黃金、這類商品都不配息，通常都是賺取價差，所以歸屬於價差型工具；而股票、債券、基金等，則價差與配息報酬同時可獲得。

　　但這麼說也不代表投資股票一定優於期貨，或存外幣就一定比存台幣好，畢竟在評估報酬時，如同前面所言，還需要將風險與時間的因素納入，同時進行考量，才能算得上公允。

　　依剛剛舉的例子來看，如果是投資每年穩定配息的績優股，幾乎沒什麼風險，不必整日憂心忡忡，擔心隔天市場風雲變色，自己手中的股票價值就會下降，因為風險相對比較低，所以時間也就會拉長。

　　再看看另一個獲利方法，短短幾天獲利 5％，雖然錢來得快，但是投資的風險也高。從這兩個例子中看出，如果想要省時間獲得一樣的投資報酬率，就必須有勇者無懼的精神，而如果不

喜歡冒險，則必須花時間等待。

其實賺價差，就是所謂的「零和遊戲」。也就是在股票市場中，餅就那麼大，某公司對外發行的股票數量是固定的，如果沒有人離場，自然也沒有人能夠進場。說起來容易，但事情大部分不會朝我們想像中發展，短短幾天要獲利5％，代表在這個期間，價格震盪幅度非常大，且剛才強調，價差操作有一方收益，必有一方損失。

在股市投資中，價差的實現就是損益互相轉換的過程。若在這場遊戲中，每個玩家能夠取得的資訊、資源都差不多，那麼每次完成的交易，買方或賣方中其中一人，勢必做出錯誤決定，才能讓另一方得利。

存股，是共享獲利

但如果一開始，我們選擇配息報酬做為主要的投資獲益方法，那麼這一切就相對容易且簡單多了。投資者不積極追求價差，選擇長期持有，彼此並非競爭關係，而是由所有股東齊心協力參與並且幫助公司逐漸成長茁壯，也因此可以獲得部分公司營利的成果（股利）。

多數時間，這種股票價格波動幅度不大，在買進之後只需要耐心等待，不必時刻費心盯著股市，將時間選擇用來陪伴家人、充實自我、運動健身。這對一般散戶來說，是更為簡單、公平且穩妥的投資策略，只要在選擇公司時，用以下幾個評估指標：財

報、獲利、營收等，基本上就沒有太大的問題。

以領取配息為目標的股票，大多具有以下特性。

首先，公司獲利相當穩定，所以才能每年持續配息，提供股東穩定的現金收益。再來，這間公司可能在其產業中占據龍頭地位，使得其他競爭者難以超趕。最後，就是其股價低波動，不會大起大落。

學生族的起步方案

在此強烈呼籲學生朋友們，在學習階段就必須培養理財觀念。學生時期相比工作時期，更有充裕的時間吸取額外的知識，並且因為時間開始較早，在複利的威力下，所得到的收益會遠遠超過想像。

學生該如何開始理財呢？有以下四步驟：

第一步驟：先學會「省錢」

第二步驟：學會開拓財源，也就是「賺錢」

第三步驟：擁有的資金變多時，必須學會「管理」

第四步驟：利用投資，讓錢幫你賺錢，讓時間去滾出更多利

學生時期，大部分的收益都是從父母那邊獲得的，但每每當錢進了自己的口袋，常常就立刻揮霍光，並沒有充分規劃及運用，長久下來，不知不覺就成為「月光族」。

更可怕的是，因為自己長時間習慣性伸手就能拿到錢，且花費較多、毫無節制，很有可能踏入社會後，發現薪資無法負擔起

支出，每個月開始刷卡，透支自己未來的資產。

所以，想要打破這種窘境，就必須學會「節制」。買東西之前，必須要思考這件商品，究竟是「我想要」還是「我需要」？而如何開始反思自己的消費行為，檢視自己的消費模式呢？

建議各位同學們，可以先從「記帳」開始。現如今人人手上都有一台智慧型手機，市面上有各式各樣記帳 App，建議各位盡量選擇擁有分類花費統計功能的，讓自己明白哪一方面的花費最多。

記帳必須持續多久呢？建議各位，短的話至少要一至兩個月，長的話可以永久執行。因為開始有記帳，就會發現自己每月固定花費有多少，從而告訴自己哪方面花費其實可以減少，也不影響生活。於是進一步，開始調整自己的消費行為。

其實只要開始行動了，就會發現節流也並非難事。

雖說節流很重要，但當省到某些程度後，存款也很難再有所突破。為了突破這種情況，必須增加自己的現金流，也就是開始賺錢。

學生該如何賺錢呢？

就比較直接的聯想，肯定是打工又或者是接家教，但其實除了這些較傳統的賺錢模式，學生也可以考慮以下幾種：貼文創作、貼圖創作、電子書、線上課程、網拍電商等一系列的網路賺錢方法，都能建立自己的收入。

當獲得一定的資金以後，就必須學會管理，也就是所謂的「財務規劃」。

我們可以將收入分成幾個項目，按照生活各方面消費，分配自己每月的花費比例，舉例而言，我們可以將自己的收入分為四大帳戶：投資帳戶、生活帳戶、學習帳戶、娛樂帳戶。

- **投資帳戶**：也就是自己的投資基金
- **生活帳戶**：也就是一切吃穿用度都在裡面，舉凡吃飯錢、電費、水費、瓦斯費等。
- **學習帳戶**：舉凡與學習新技能有關，學校方面的花費都可以放在這個帳戶之中。
- **娛樂帳戶**：建議比例應該是最低的，但也不能給過少的預算，否則很容易適得其反，讓自己之後大花特花。

這幾個帳戶之中，各位按照順序，先將自己的收入支付給投資帳戶，為自己的未來打算。否則如果放到最後，大家一定也是習慣性先花掉，再依序將錢投入生活帳戶、學習帳戶與娛樂帳戶之中。

因為每個人的生活需求不同，所以也可依照實際的需要，制定不同的帳戶，規劃出不同的比率。

最後，就要開始投資。

我會先建議各位，把這些錢先放在「投資自己」上，也就是讓自己去收穫不同的新知識，看到更多的可能性，再來才是將錢花在真正的投資市場。

那麼應該如何投資自己呢，建議無論各位未來或現在就讀什麼學校、什麼科系，都必須要去修習財金相關的課程，參加有關於投資理財的社團更好。當開始接觸這些科目，培養自己的財商時，未來在運用資金進行投資時，觀念也會較為正確，對於市場的整體狀況也會比起其他人熟悉。

上班族的存股方案

上班族相較學生，雖然時間較少，但收入較為固定。因為時間較不充裕，所以不只可以考慮小資投資法，還可以參考懶人投資法：定期定額「平均法」投資法或定期定股投資法。

一般來說，買股票時，最擔心的往往是買到股價最高點，但如果使用定期定額平均法的話，就不用擔心這點。

如果每個月買股預算為 6,000 元，假設第一個月買了股票 A，一股大約 30 元，也就是說買了 200 股。下個月，股價下跌到一股 20 元，這個時候同樣買 6,000 元，卻可以買到 300 股。

這兩個月總共投資是 12,000 元，而持有的股數是 500 股，平均下來一股是 24 元，比第一個月一股少了 6 元。一般上班族沒空盯盤的話，可以採用這種方法，節省自己的心力。

而定期定股的話，則是將定額改成買固定股數，因此固定每次的購買金額就會隨著股價的變化，所以如果多頭時就會需要加碼資本金額，空頭時就會減碼。

　　以長期而言，定期定額會比定期定股的投資獲益更多，但也並非定期定股沒有優勢可言，如果是追求持股數量的話，定期定股是較為穩妥的選擇。另外，如果每次買股預算沒有超過 3,000元，定期定股也比定期定額好，畢竟如果股票一股 10 元的話，每次買一張也才 1,000 元而已。

　　上班族相較於學生族群，更需要注意自己的日常開支，因為每一分錢都得之不易，所以學會理財，在這個階段也是相當重要。

　　首先，必須開設一個理財帳戶。這個帳戶的作用，就是為了將錢留下。

　　儘管每個月還是有機會變成月光族，但至少有部分的錢進入了理財帳戶。這裡，向各位介紹一個方法——三個帳戶或三個信封理財法。

　　顧名思義，就是將每月收入分為三個帳戶或是分裝到三個信封當中，其中有儲蓄帳戶、投資理財帳戶以及生活費帳戶。

　　而為了避免這些帳戶到最後失去本來的意義，建議各位儲蓄帳戶不需要提款卡，也不需要設定網路銀行，以免自己錢不夠花時，將心思又放在上面，到最後仍然沒有存下半毛錢。

　　而投資理財帳戶，可以將薪資轉入後設定定期定額自動扣

款，自然也就不會隨意動用到這筆資金。

　　最後生活費帳戶，可以將其設定為薪轉帳戶，並且是唯一一個擁有提款卡的帳戶，只可以使用這個帳號內的錢。

　　再者，我們可以利用銀行的轉帳功能，如果每月有固定發薪日期，就設定隔天將資金轉入其他帳戶之中，避免忍不住又將其當作自己的生活費來使用。

　　若投資帳戶開始有資金了，就是啟動投資計畫的時候。可以開始研究自己適合的金融商品，並且開始執行計畫。如果選擇投資股票的話，要選擇什麼類股，是公司股呢？或者是風險較低的ETF？

　　當然也會有人問，如果投資有風險，選擇將錢放在銀行，不就可以安心了嗎？目前銀行利率沒有大於通膨率，如果金額固定，把錢放定存想要獲得相同的投資報酬率，需要花非常多的時間。

　　最後，因為開始工作的緣故，會更常使用到信用卡，個人建議慎用信用卡消費，因為一旦選擇信用卡消費，也就意味著這樣物品是超出自己的消費水平，才需要透過分期付款。

　　使用信用卡雖然十分便捷，但是會造成每月都必須償還負債，長久下來，是一個相當巨大的壓力。況且使用信用卡消費，常常會因為沒有具體的付錢行為，使得錢流出得更加快速、容易。所以要謹慎使用信用卡這項工具，千萬不要被它綁架。

退休族的聰明存股

近幾年，銀行定存利率下降到一趴多，意味著如果銀行存款數目不夠大，就無法支撐自己養老。利率趴數小於通貨膨脹，存款在銀行中只會越存越薄。

又因為政府近幾年不斷推動年金改革，退休金縮水已經是可以預見的未來，於是更多人願意將自己口袋裡面的錢，拿出來投資股票，透過穩定配發現金股利的股票，將未來這些股票的配息當作退休金。

關於退休族可以細分為二種，第一種是正在籌備退休生活，第二種是已經退休。對第一種人而言，因為目前尚有現金流入，比起第二類人，更能大膽地投資，也有更充裕的時間去滾複利。而第二種，也就是真正退休族的存股，更要著眼於「穩定」二字。既然如此，找到好的存股標的就非常重要，一般而言，好的存股標的有三個特徵：好的殖利率、穩定配息和填息穩定。

- 殖利率的全名是「現金股利殖利率」，又被稱為股息殖利率。計算方法：現金股利／股價。也就是代表買到股票後，可以領多少百分比的股息。好的殖利率代表其能帶來報酬。
- 如果一間公司有穩定配息，意味著這間公司每年有保留盈餘，也就保證公司每年賺錢，且願意將這些賺來的錢分給

股東。

- 除息，也是讀者應當要注意的事項。因為除息後的股價，如果沒有填息（除息完後，股價漲回除息前的價格），代表存股人在領股利時是有損失的，掉入了「賺了股息，賠了價差」的陷阱之中。

　　如果身上沒有大筆資金，認為能夠承擔的風險能力較低（沒有穩定收入，也就是說現金只有流出沒有流入），這時可以考慮一些風險較低的股票做為投資標的，例如：ETF（指數型股票）。這類股票，在台灣最有名的，莫過於 0050 以及 0056，這兩支股票因為其投資內容選擇的關係，其實和大盤走勢相當接近，如果初入投資領域，不妨從這兩支股票開始。

　　如果投資金額比較有彈性、屬於中度風險承擔者的話，可以將目光擺放於殖利率較高的個股。有能力可以承受高風險的投資者，則可以投資中小型成長股，創造出更大的利益。

　　除此之外，還有幾個選股指標：本益比、毛利率＞30％、負債比＜50％等。

- **本益比計算**＝現在股價／預估未來每年每股盈餘（EPS）
- **毛利率計算公式**＝（銷售收入－銷售成本）／銷售收入×100％

本益比代表要買進幾年才能回本，數字越小越好。但如果股票價格震盪過大，整體走向相當不穩定，就不適合以本益比評估股票。

當毛利率越高，代表企業「創造附加價值」的能力越高！

但必須誠實說，當退休時才想到要進入股票市場投資，其實有相當多缺點，使得自己獲利未如預期。

退休後最慘的情況，就是一旦投資失利，將退休金一口氣花完，只能靠變賣其他財產，讓生活得以持續。也因此，將資金投入在相對穩定的定存股上（投資報酬率大概 5%），就是相對比較優質的選擇。

有人會問，退休就有更多時間能夠研究投資，難道提升技術不能提升報酬率嗎？

我說，雖然提升技術對於提高投資報酬率有幫助，可因為退休人士的退休金有限，所以沒有犯錯的資本，沒有以身犯險的勇氣，就沒辦法博得較高的報酬。

也許有人會問，退休族不是可以透過定期定額平均成本嗎？

我在這裡澄清，定期定額攤平成本，也必須時間夠長，如果退休 10 年投資的股票表現很差，或是略為虧損，其實對於投資人的信心打擊是非常大的。更何況對於退休人士而言，退休後幾乎沒有現金流入，意味著如果長期執行定期定額的辦法，很有可能還沒有撐到有收益那天，就已經存款告急，無法繼續投資了。

退休金不能全數投入市場，否則生活品質必將受到影響，所

以真正用於投資的金額其實比想像中少很多，而這些金額哪怕乘以複利，也沒辦法滾出非常多的收益。如果被挪用去投資高風險高報酬的金融商品，雖然可以提高整體報酬，可不怕一萬，就怕萬一，若是投資失利，那麼影響可就無法想像了。

所以在此還是建議各位，趁著自己年紀尚輕，還有資本可闖蕩時，盡量投資，等到年老退休後再想進股票市場，往往會發現自己難以和別人比拚，比起市場上的其他猛將更不能承擔風險。

我也必須提醒各位讀者，買賣股票考驗技術，更考驗持股人的心智。

首先，你得學會「退出股市」。

這個說法似乎與前面所言非常衝突，其實在此想強調的是一種心態。買股之前，我們常常會認為一邊存股、一邊操作價差沒有問題，過度放大了自己的能耐，於是在股市中操作執行系統時，常常有多空趨勢的想法、看法和預期，也就自然會有那麼一天，覺得漲多了風險很大，於是將存股全數清空，想說等空頭再來存股好了。

再來，買股之前，不能有貸款要繳，要先將錢拿去還款，而不是選擇將錢投入股市之中。畢竟如果投資失利，自己就會兩頭空，到頭來什麼也沒有。另外，如果資金不足的時候，首要想的是減少開支，例如每天可以少喝一杯超商咖啡（45 元上下），那麼一個月至少可以省 1,350 元，一年就省 16,200 元。如果投資一年平均報酬率是 5％，要想獲利 16,200 元，至少要投入 32 萬

圖 6-3　股市成功的重要元素

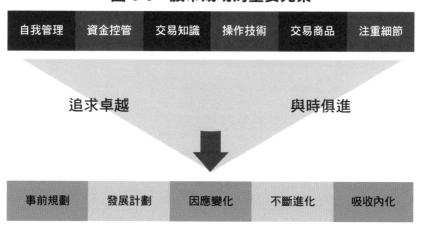

資料來源：作者整理

元。

最後，如果不斷執著必須在股市中殺出一條血路，過於沉浸其中，以至於自己的現職工作無法專注，整日在公司都緊盯大盤，深怕稍有一個風吹草動。如果因為這樣而失去更為穩定的長期收入，個人也是非常不推薦的。

此外，存股者的個性，就是要夠「笨」。這個笨是指是謙虛、不自以為是。因為對股市、股價多空有看法的人，根本就不適合存股。因為他們自視甚高，於是常常會錯過好時機。所以當大家技術一樣，考驗各位的就是耐心和信心。

存股雙主軸——成長股與金融股

哪些股票適合存股？以類別來看，金融股、成長股，特別適合。成長股提供高成長、高波動的價差機會，金融股則是提供穩定的配息。

操作時適當採取分散投資組合，確保可持續增長的股息收益：

積極型投資者的存股策略（成長股 70％，金融 30％）

防禦型投資者的存股策略（金融股 70％，成長股 30％）

每天 150 元的退休存股方案

　　設存股專用銀行與證券帳戶，每天存入 150 元，或每月 5,000 元。耐心等待 28 均線操作系統買點。

不同年齡的交易與投資規劃：

20~30：知識資本時期。青春年華，首重學習，並培養經驗。

30~40：資金累積時期。可以當沖與波段為主，每月提撥存股基金單筆投入。

40~50：高速成長時期。可以波段與存股並重，當沖為輔。

50~60：穩健守成時期。存股比例提高至 60％，波段為輔40％。

60 以上：樂活收租時期，以存股為主 80％，享受被動收入。掌握趨勢明顯的長線波段即可

表 6-4 我的存股池——成長股 TOP30

排名	代號	股名	2010 年至 2020 年 年平均現金股利
1	1565	精華	21.38
2	2227	裕日車	17.3
3	2357	華碩	16.02
4	2454	聯發科	12.5
5	5287	數字	11.51
6	3691	碩禾	11.37
7	8299	群聯	10.98
8	2207	和泰車	10.81
9	5536	聖暉	9.9
10	8422	可寧衛	9.61
11	2729	瓦城	9.42
12	6803	崑鼎	9.38
13	3131	弘塑	9.3
14	3293	鈊象	9.23
15	2707	晶華	9.19
16	1558	伸興	8.85
17	3611	鼎翰	8.8
18	5904	寶雅	8.77
19	2912	統一超	8.56
20	2327	國巨	8.2
21	6121	新普	8.08
22	2474	可成	7.96
23	3152	璟德	7.67
24	3130	一零四	7.51
25	3034	聯詠	7.44
26	2059	川湖	7.33
27	2727	王品	7.31
28	8070	長華 *	7.25
29	1580	新麥	7.2
30	1537	廣隆	6.91

資料來源：作者整理

表 6-5　我的存股池——金融股 TOP5

排名	代號	股名	2010 年至 2020 年平均現金股利
1	2881	富邦金	1.88
2	2882	國泰金	1.72
3	2886	兆豐金	1.36
4	2884	玉山金	1.22
5	2809	京城銀	1.1

資料來源：作者整理

只要你學習，
股市風險一點也不高

　　終於在 2020 年完成了本書的寫作，也感謝你能閱讀完本書。本書精神是以 28 均線，先快速判斷適不適合進場，然後選擇好的標的與進場點，在行情開始時參與，把進場的勝率提到最高，把可能的風險控制到最小，選擇主流強勢股操作，長期下來自然能穩定獲利。

　　成功的開始在於能否第一時間做好決定。獲利來自於知識，知識來自於開始學習。

　　希望此書能夠帶給你一些好的觀念與方法，我將會因為可能幫助到你而感到高興。

　　K 線起源於對數字記錄的需求。據傳 K 線為日本江戶時代的白米商人本間宗久所發明，用來記錄每日的米市行情。一直到現在沿用到股市之上，再經過前人的努力研究，加上現代科技數據化分析，已經越來越能分析股市運行的架構邏輯。我要強烈建議讀者，在拿自己的錢進入股市前，學習好正確的知識。研究股票市場的語言，找出它的規律是必須的。

在股市中，懂得正確判斷行情的人，會比一般人在股市投資中所承受的風險更少，獲利增加的機會更高。而在達到穩定獲利的情況之後，也請讀者們提早做好存股的計畫，因應未來 10 年的少子化與人工智慧普及化的社會變遷。有好報酬與好存股，未來可以提早財務自由，規劃自己想要的生活。

　　股市不是一種賭博，而是業外收入的入門第一選擇，與所有行業一樣，投資與交易有它的專業知識，當我們可以拿小資本在這個微利息時代之中，透過運用知識賺取收入，進而累積財富，才是改變生活的方法，學習正確的股市技術知識將是最重要的，做好風險管理與理財規劃，創造財富與累積永續被動收入，是我想分享給各位讀者的觀念。

　　若本書能幫助各位讀者，也請分享給周遭朋友們，讓朋友也能因為你的分享，一起提高生活品質以及有共同的交流話題，希望大家都從 28 均線系統上學會快速判斷。日後，歡迎讀者到我們的 FB 臉書社團——「陳弘股市社團」交流學習，並且將會在 FB 臉書粉專——「陳弘的飆股操盤室」補充更新資訊與課程培訓訊息。

台灣廣廈 國際出版集團
Taiwan Mansion International Group

國家圖書館出版品預行編目（CIP）資料

一條線搞定當沖、波段、存股！
：飆股達人陳弘月賺50%，勝率8成的投資心法 / 陳弘著，
-- 初版. -- 新北市：臺灣廣廈，2020.12
面；　公分. -- （view；41）
ISBN 9789869951807(平裝)
1.股票投資　2.投資技術　3.投資分析

563.53　　　　　　　　　　　　　　　　　　　109013869

財經傳訊
TIME & MONEY

一條線搞定當沖、波段、存股
：飆股達人陳弘月賺50%，勝率8成的投資心法

作　　　者／陳弘

編輯中心／第五編輯室
編 輯 長／方宗廉
封面設計／十六設計・**內頁排版**／菩薩蠻
製版・印刷・裝訂／東豪・弼聖・秉成

行企研發中心總監／陳冠蒨
媒體公關組／陳柔彣・**綜合業務**／何欣穎

發 行 人／江媛珍
法 律 顧 問／第一國際法律事務所 余淑杏律師・北辰著作權事務所 蕭雄淋律師
出　　　版／財經傳訊
發　　　行／台灣廣廈
　　　　　　地址：新北市235中和區中山路二段359巷7號2樓
　　　　　　電話：（886）2-2225-5777・傳真：（886）2-2225-8052

全球總經銷／知遠文化事業有限公司
　　　　　　地址：新北市222深坑區北深路三段155巷25號5樓
　　　　　　電話：（886）2-2664-8800・傳真：（886）2-2664-8801
郵 政 劃 撥／劃撥帳號：18836722
　　　　　　劃撥戶名：知遠文化事業有限公司（※單次購書金額未達1000元，請另付70元郵資。）

■出版日期：2020年12月　　　　■初版4刷：2021年8月
ISBN：9789869951807　　　　版權所有，未經同意不得重製、轉載、翻印。